AI技術による
倒産予知モデル
×企業格付け

白田 佳子 著

税務経理協会

はしがき

　本書では，企業を取り巻く全ての利害関係者を対象に，誰でもが企業を格付けすることができる手法を丁寧に解説している。本書で紹介するSAF2002モデルは，企業の財務健全性評価に優れた力を発揮する財務指標をAIの機械学習アルゴリズムで探索し，得られた結果を誰でもが使いやすい多変量判別モデルとして構築したものである。企業間取引における相手先企業の与信管理や，就職に先立ち企業の財務健全性を分析する際に，また投資判断などに広く利用いただきたい。

　なお本書では，格付けの利用方法の解説に至る前に，第1章では，企業を取り巻く利害関係者と企業との関係，また第2章，第3章では，企業が破綻に至るプロセスや，さらには，わが国及び米国における企業倒産発生の実態など，あまり国内では公開されていない情報などを明らかにしている。その上で第4章では，企業の財政状態や経営成績を評価する上で，これまで社会一般において用いられてきた財務分析の手法の多くが，企業診断には不向きであることを倒産企業，継続企業あわせて12,000社以上の財務数値の推移を20年間にわたって観察することで検証している。これらの実証データは，実務において参考にすることで，日常における与信判断にも十分に活用できるものである。次に，第5章において筆者が，5,000社以上の企業財務データをAIにおける機械学習アルゴリズムを用いて解析し開発したSAF2002モデルについて，開発根拠，モデルの構成要素，機械学習アルゴリズムと統計モデルとの融合結果などについて解説している。その上で，同モデルを利用した企業格付けの具体的方法について詳しく説明した。

　なお本書では，2000年から2016年というリーマンショックを挟み世界中の経済環境が大きく変化した時代においてもSAF2002モデルが企業格付けに有効に機能することを実証データで示している。また，この17年間における非上場企業，上場企業におけるSAF2002モデルによる格付しきい値についても年別に掲載した。その上で格付けの応用方法を具体的に説明している。例えば，近年企業評価の指標として注目されている「ROE」について，1971年から2016年まで東証一部及び二部に上場していた企業の個別決算データ93,262社分について，年ごとにSAF2002モデルによって全上場企業を格付けした上で各格付け別にROEを求めその推移を観察したデータを掲載している。なお，本書はROEの多寡の良し悪しを述べる立場にはない。あくまで格付けという視点から長期に財務指標を観察することの意義を，分析結果からくみ取っていただきたいという趣旨である。

　さらに，最後の第6章では，企業倒産と企業開示情報との関係についてテキスト

マイニングを用いて解析した研究成果を紹介している。特定の言葉が共起した場合に，企業倒産を決定づけている実態を明らかにした。また，環境省が実施している情報開示基盤整備事業における実証実験に参加した企業の報告文書を，自然言語処理で解析しSAF2002モデルによる格付けとの関係を分析した研究についても掲載した。企業を格付けすることで個社の分析だけでなくマクロ分析も可能となることを明らかにしたものである。

　なお，本書を出版するにあたっては，帝国データバンクから非上場企業の財務データを購入させていただいた。また上場企業のデータは(株)日本政策投資銀行の設備投資研究所編集，(株)日本経済研究所発行のデータを利用させていただいた。感謝申し上げる。また，この方が居て現在の筆者があることは間違いないといえる大切な方がいる。この場を借りて心より感謝申し上げたい。遡ること中学生の頃から筆者の心の支えであった。多忙な日々にもかかわらず仕事場へお邪魔する筆者を「妹」と言ってそっと傍に置いてくださった高橋健二（隆）氏である。昨年80歳のお誕生日を一緒にお祝いすることができた。いつまでもお元気でいていただきたい。そして，何よりも本書の出版を快く引き受けてくださった，(株)税務経理協会の大坪克行社長，また編集を担当してくださった，同社編集第1グループの小林規明部長，また細かい作業におつきあいくださった鬼頭沙奈江氏には改めて深く感謝したい。皆さんのお力がなければ，本書の出版が叶わなかったことは間違いない。さらに，筆者を研究者として育ててくださった早稲田大学名誉教授故加古宜士先生へも感謝の気持ちが伝わることを願ってやまない。昨年2018年に加古先生の13回忌の法要が執り行われた。先生はきっと天国からしっかり筆者を見守ってくださっていると信じている。

2019年3月

白田　佳子

CONTENTS

はしがき

第1章　企業格付けの概要

第1節　利害関係者と財務分析 ——————————————— 1
第2節　格付けの仕組み ————————————————— 3
第3節　格付けとデフォルトとの関係 ——————————— 5
　1　デフォルトの概念 ———————————————————— 5
　2　デフォルト率 ——————————————————————— 7
　3　格付けの変動と発行体格付 —————————————— 9

第2章　企業倒産のメカニズムと格付けとの関係

第1節　企業倒産概念 ——————————————————— 11
　1　倒産処理の種類 ————————————————————— 11
　2　倒産と事業継続 ————————————————————— 15
　3　倒産効果の得られるその他の法的処理 ————————— 18
　　(1) 特定調停法 —————————————————————— 18
　　(2) 私的措置 ——————————————————————— 21
第2節　企業倒産の発生状況 ——————————————— 22
　1　企業倒産件数の推移 ——————————————————— 22
　2　倒産率にみる近年の倒産傾向 —————————————— 25
　3　企業年齢と倒産 ————————————————————— 27
　4　企業規模と倒産 ————————————————————— 30
　5　米国における上場企業の倒産状況 ———————————— 32
　6　民事再生法と企業再生 —————————————————— 35
第3節　倒産発生のメカニズム —————————————— 39
　1　倒産のプロセス ————————————————————— 40

i

2　制度会計上の利益計上と恣意的会計処理による粉飾 ——— 42
　3　法改正の企業倒産の影響 ——— 44

第3章　企業情報の収集

第1節　企業情報の入手 ——— 47
　1　財務データの入手 ——— 47
　2　上場企業情報 ——— 49
　3　非上場企業情報 ——— 53

第2節　財務情報の電子開示 ——— 55
　1　適時開示と電子開示 ——— 55
　2　開示様式と財務分析 ——— 59
　3　わが国におけるXBRLの取組み ——— 60

第3節　非財務情報 ——— 61
　1　株価情報 ——— 61
　2　会計監査と企業情報 ——— 64

第4章　財務分析における基礎知識

第1節　財務比率と経済環境 ——— 67
　1　経済環境の変化に影響を受ける財務比率 ——— 70
　2　経済環境の変化に影響を受けない財務比率 ——— 76

第2節　倒産企業の財務傾向 ——— 86
　1　理論に不整合な財務比率 ——— 87
　2　財務比率の年代による分布変化 ——— 90
　3　倒産企業の経営行動 ——— 93

第3節　倒産企業の財務的特長 ——— 95
　1　倒産判別力の高い収益性比率 ——— 95
　2　倒産判別力の高い安全性比率 ——— 99
　3　比率間の相関関係と倒産分析 ——— 102

第5章 倒産予知モデルの開発と格付けの実践

第1節 倒産予知モデルの理論 —————————————— 104
1 AI（人工知能）技術と多変量判別関数モデルの融合 ———— 104
2 選別された倒産予知モデルを構成する財務比率 —————— 109
指標その1：総資本留保利益率 ———————————————— 111
① 総資本 ————————————————————————— 112
② 留保利益 ——————————————————————— 112
指標その2：総資本税引前当期利益率 ————————————— 117
① 税引前当期純利益 ——————————————————— 117
指標その3：棚卸資産回転期間 ———————————————— 119
① 棚卸資産 ——————————————————————— 119
② 売上高 ———————————————————————— 120
指標その4：売上高金利負担率 ———————————————— 121
① 売上高 ———————————————————————— 121
② 支払利息 ——————————————————————— 122
3 倒産要因の分析 ———————————————————————— 123
4 倒産予知モデルの構築と判別点 ———————————————— 126
第2節 倒産予知モデルによる企業分析の実践 ———————— 132
1 財務指標の算出 ———————————————————————— 132
指標その1：総資本留保利益率の算出 ————————————— 139
指標その2：総資本税引前当期利益率の算出 ————————— 140
指標その3：棚卸資産回転期間の算出 ————————————— 141
指標その4：売上高金利負担率の算出 ————————————— 142
2 SAF値の算出と結果の評価 ——————————————————— 143
第3節 倒産予知モデルによる格付けの実践 ————————— 145
1 倒産予知モデルによる格付けの手順 ——————————————— 145
2 格付区分とSAF値 ——————————————————————— 147
3 サンプル企業の格付けの試み ————————————————— 150

第 4 節　企業格付けの応用：
　　　　　ROE の推移によるわが国企業の財務体質の実態解明 ── 151
　　1　利用データ ──────────────────── 152
　　2　分析手法 ────────────────────── 152
　　3　分析結果：ROE の推移の観察 ─────────────── 153
　　4　分析結果：ROE への当期純利益の影響 ──────────── 154
　　5　分析結果：ROE への純資産の影響 ──────────── 155
　　6　格付けの応用 ──────────────────── 156

第 6 章　AI（人工知能）による企業評価分析

第 1 節　テキストマイニングによる企業倒産予知 ─────── 159
　　1　使用データと分析環境 ─────────────────── 160
　　2　形態素解析による出現頻度分析 ────────────── 161
　　3　条件付き確率における出現頻度分析 ───────────── 161
　　4　文脈語を用いた特徴表現 ─────────────── 162
第 2 節　企業格付けと自然言語処理の実践 ───────── 165
　　1　利用データと分析手法 ─────────────────── 165
　　2　分析結果 ────────────────────── 167
　　　（1）使用語の出現頻度比較（格付け別）───────────── 167
　　　（2）異なり語分析 ───────────────────── 169
　　　（3）格付け別共起ネットワーク ─────────────── 170
　　3　結果の評価 ─────────────────────── 173

付録　検討対象とされた財務指標一覧表 ─────────── 175
索引 ───────────────────────── 179

第1章 企業格付けの概要

　格付けは，企業信用力の評価手段の一つとして投資家のみならずその他企業を取り巻く全ての利害関係者にも広く利用されている。そもそも格付けとは，当該企業によって発行された債券が償還されない（される）確率を誰でもが理解しやすいようにアルファベット記号で表したものである。これは格付けが，特別な知識を持たない者にも理解しやすく，また投資家のみならず取引や融資に関わる者においても有用な情報を提供し得るからである。本書では誰でもが人工知能ツールを用いて開発された企業倒産予知モデル（SAF2002モデル）を応用して企業を格付けすることができる手法を提供するものである。具体的には対象企業の財務数値をSAF2002モデルに代入し，その結果から当該企業の財政状態を評価対象とした格付けを行う。一見一般的な財務分析の手法と類似しているような外観を呈しているが，人工知能ツールを使うことで，これまでの財務分析における限界を克服している。

　そこでまず本章では，企業を取り巻く利害関係者と財務分析との関係について確認した上で，格付けの概念や位置づけを概説する。

第1節　利害関係者と財務分析

　企業を取り巻く利害関係者は様々である。よって，各利害関係者ごとに当該企業を評価，分析する目的も異なったものとなる。さらには，利害関係者によって入手可能な情報の量と質には格差が生じていることも忘れてはならない。おおよそ各種利害関係者における財務分析の目的を，入手可能な情報量及び会計の種類に関連づけて整理すれば表1-1のようになる。また，これら利害関係者と企業との関係を図示すれば図1-1のようになる。各利害関係者は，図1-1上に矢印で示した取引について，開始，継続，中止の意思決定を下す指針を得るために企業を評価分析する。

　企業を取り巻く利害関係を外部利害関係者と内部利害関係者という区分で分類すれば，経営者のみが内部利害関係者であり，他の利害関係者は外部利害関係者となる。内部利害関係者は取引や経営に関わる十分な情報を入手することができるが，外部利害関係者の入手可能な情報には限界がある。ただし，外部利害関係者の中でも金融機関は企業からの借入れの要望に応じるという立場から，企業の内部情報を入手しやすく，他の外部利害関係者よりは優位な立場にあるといえる。一方，従業

表 1-1：企業の利害関係者と財務分析の目的

利害関係者	財務分析の目的	企業との関係	情報量
経営者	経営計画の立案	内部者	豊富
株主・投資家	投資意思決定	外部者	限定的
金融機関	融資限度額の決定 手形割引枠の設定	外部者	中程度
取引先	与信管理目的 （取引限度額の設定）	外部者	限定的
従業員・労働組合	人生設計・賃金交渉	外部者	限定的
消費者	購買意思決定	外部者	限定的

図 1-1：企業を取り巻く利害関係者と企業との関係

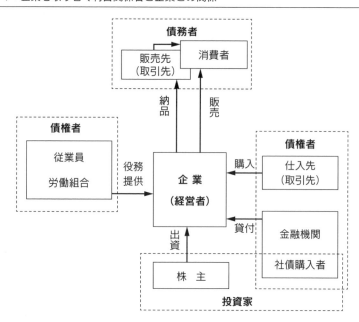

員は当然に取締役会での決議内容を知ることはできなし，経営者のみが知る企業の詳細な情報を入手することは困難である。また株主に代表される投資家が入手できる情報は，企業側が精査・峻別してとりまとめた開示情報に限定されることから，企業が置かれた状況について詳細を知ることはできない。このことから，会計の分野では，詳細な情報を知り得る経営者が企業経営を分析する会計処理を管理会計

(原価計算など)，それ以外の外部利害関係者が企業側から開示される情報を元に企業を分析する会計処理を財務会計（財務分析など）と区分している。ただし，立場の相違はあっても，あくまで全ての利害関係者に共通する思いは，関係する企業が倒産に至らず健全に永続的に事業を継続し，相応の利益を上げ続けてほしいとのことである。

なお，前述のとおり全ての利害関係者が当該企業に係る十分な情報を入手できるわけではないし，また，限られた情報で当該企業の健全性を分析，予測できるわけでもない。また分析者が財務分析等に係る十分な知見を有していないケースもある。これらのことから，より簡便な方法で企業の財政状態や経営成績を瞬時に判断することができるツールがあれば，これら企業を取り巻く様々な利害関係者の意思決定に資することは間違いない。本書で提供する倒産予知モデルを応用した企業格付けは，このような需要に対応するものである。

第2節　格付けの仕組み

わが国では，企業の借入れによる資金調達手段は，銀行を介した間接金融が一般的である。一方，海外では企業が直接投資家から資金を借り入れる直接金融が一般的である。間接金融と直接金融，及び格付けとの関係を示せば，図1-2のとおりである。

本来の格付けは格付けの対象となる債券について，当初の約定どおりに債務が履行される確率（償還確率）を専門の格付機関が評価するものである。この評価が高い債券程，安全性が高く，結果債券の償還金利は低いこととなる。これに対して，償還可能性が不確実な債券は評価が低く，リスクが高いことから，結果償還金利は高いものとなる。言い換えれば，金利が高い債券程，償還可能性が危うい，つまり当該債券の発行体の財政状態は不安定であるともいえる。金利と安全性とは，債券に限らず，金利が高い程危険性が高く，一方，金利が低い程安全性が高いという関係にある。このことから，償還可能性が最も高いと考えられる国債との金利差を参考とすることで，債券のおおよその安全性を測ることができる。また，同じ企業が発行した債券であっても償還期間が長い程リスクが高まる可能性があることから，結果長期債券の償還金利は高くなる。さらに，企業の財政状態は経済環境の変化に応じて変化するものであるから，債券の格付けは毎年見直される。このことから，購入した（債権が発行された）年に最高格付けAaaであった債券が，償還期まで同様にAaaであり続ける保証はない。

なお，債券はつまり負債であるから，債券を発行しない企業であっても，格付け

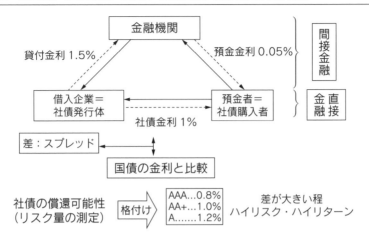

図1-2:社債発行(直接金融)と借入(間接金融)及び格付けとの関係

は当該企業の負債償還能力を表し,結果企業の財政状態の安全性を測る指標として代用することができる。発行した個別の債券の償還可能性を評価する「債券格付」に対して,債券を発行する企業における負債の償還能力を評価するものを,「発行体格付」と呼び,取引における売掛金回収の可能性などの評価に応用が可能である。この発行体格付に相応するものが,本書で提案する企業倒産予知モデル(SAF2002モデル)による企業格付けである。

なお前述のとおり,社債は,期間や発行体の財政状態など,償還条件によって金利に差がつくこととなる。よって,企業が債券を発行する際に提出する社債発行届出目論見書などの開示資料には,発行した社債の格付けの記載が義務づけられている。これは,あくまで発行した当初の格付けであるが,ここで利用される格付けは金融商品取引法第66条の27の登録を受けた「信用格付業者」のものでなくてはならない。現在登録されている指定格付業者は,(株)日本格付研究所(JCR),ムーディーズ・ジャパン(株),ムーディーズSFジャパン(株),S&Pグローバル・レーティング・ジャパン(株),(株)格付投資情報センター,フィッチ・レーティングス・ジャパン(株),S&PグローバルSFジャパン(株)の7社である。ちなみに,格付機関により格付けの決定基準が異なるため,同じ債券や同じ発行体に対する格付けであっても,格付機関ごとに格付けは若干異なり,一般的に海外の格付機関の方が日本の格付機関よりも厳しい格付けをつけるといわれている。主な格付機関と格付記号の対応は,表1-2のとおりである。

表1-2：主要格付機関と格付記号

	ムーディーズ	S&P	R&I	JCR
投資適格	Aaa	AAA	AAA	AAA
投資適格	Aa	AA	AA	AA
投資適格	A	A	A	A
投資適格	Baa	BBB	BBB	BBB
投資不適格	Ba	BB	BB	BB
投資不適格	B	B	B	B
投資不適格	Caa	CCC	CCC	CCC
投資不適格	Ca	CC	CC	CC
投資不適格	C	C	——	C
投資不適格	——	D	C	D/LD[1]

第3節　格付けとデフォルトとの関係

1　デフォルトの概念

　格付機関として最も古い歴史を持つアメリカのムーディーズでは「債券の利払い，元本返済の不履行もしくはそれらが遅延した状態，又は発行体企業が破産か管財人の管理下にある状態，さらに，発行体企業が債券の優先株や普通株との交換，又は低利，定額面の債券との交換を申し出た場合」を「デフォルト」と定義している。つまりそもそもデフォルトとは，債務の不履行を意味する言葉である。ちなみに，「デフォルト」には実際に「債務の不履行」があった状態を指す概念とは別に「広義のデフォルト」という概念が存在する。例えば，「主力銀行等による債権の放棄や，債務の株式化を行った企業」もデフォルト企業としてカウントしている場合がある。債権放棄や債務の株式化（デット・エクイティ・スワップ＝DES）は，債権者の合意の上で執り行われることから，債務不履行と100％同義とは考えられない。なお，わが国においては1997年に倒産したヤオハンジャパンで戦後初めて公募債

---

[1] 「D」記号の定義を「実質的にすべての金融債務が債務不履行に陥っているとJCRが判断している。」に変更するとともに，「一部の債務について約定どおりの債務履行を行っていないが，その他の債務については約定どおりの債務履行を行っているとJCRが判断している。」ことを示す「LD」記号を2012年に新設している。

表 1-3：日本の発行体におけるデフォルト（1990 年～2016 年）

社　名	デフォルト年	デフォルト事由	格付対象債務のデフォルトの有無
AC リアルエステート	1999 年	借入債務免除	無
兼松	1999 年	借入債務免除	無
Traffic Stream (BVI) Infrastructure Company, Ltd.	1999 年	利払い不履行	有
熊谷組	2000 年	借入債務免除	無
マイカル	2001 年	民事再生法	有
ダイエー	2002 年	借入債務免除	無
雪印乳業	2003 年	民事再生法	無
ニューシティ・レジデンス投資法人	2008 年	民事再生法	有
アイフル	2009 年	事業再生 ADR	有
日本航空インターナショナル	2009 年	事業再生 ADR	有
武富士	2009 年	救済目的の債務交換	有
武富士	2010 年	会社更生法	有

出所：Moody's Investors Service：日本の発行体におけるデフォルト率と格付遷移 1990-2016 年：3

のデフォルトが発生したが，それ以前に倒産した企業の公募債についてデフォルトが発生したケースはなかった。以降，マイカル（2001 年），スルガコーポレーション（2008 年），日本航空インターナショナル（2010 年），武富士（2010 年），エルピーダメモリ（2012 年）などの債券デフォルトが発生している（発行体デフォルトは，表 1-3 を参照）。しかし日本証券業協会の報告では，わが国で 2016 年度に普通社債を新たに発行した企業は 548 社，転換社債でも 7 社が新規に発行しており，発行体数は非常に多いが，デフォルトケースは非常に少ないとされている。よってわが国においては，本来のデフォルト（債務不履行）の件数だけを比較した場合，格付けのランクによる企業の信用度には差が生じないこととなるため，「広義のデフォルト率」という概念を採用している。

なお，日本の指定格付業者ではデフォルト概念に「倒産の法的処理が申請された場合」という項目が含まれている場合が多く，時としてデフォルトという言葉を企業倒産の代替として使用している場合があるが，明らかな誤用である。各機関のデフォルト概念は，倒産の法的処理が申請された場合を無条件にデフォルトの発生と

判断しているのではなく，倒産処理によって「元利金支払が当初約定どおりに履行されることが不可能と判断され得る状態」に限定している。銀行を通した間接金融が主たるわが国の場合，発行体企業の経営が破綻し倒産に至っても，社債が償還されるケースは多く，したがって社債の格付けが発行体企業の倒産可能性と直接結びつくものではないことには留意する必要がある。ただし，倒産可能性の高い企業の方が，倒産可能性の低い企業よりは，債券がデフォルトする可能性は高く，両者には相応に相関関係が存在することは事実である。

なお，直接金融が主流の米国においても企業が倒産に至りながら債券がデフォルトに至らなかったケースも見られる。ちなみに，米国では，1929年の大恐慌の際，格付けの高い企業ほど社債が債務不履行に陥る確率が低かったことから格付けに対する信頼が高まったといわれている。また，現在格付機関は，①事業基盤（定性的要因），②財務比率（定量的要因），③対象債券といった視点から債券の償還可能性を審査している。つまり格付審査上の視点3つのうち2つまでが債券発行体である企業本体に関わる評価項目となっていることから，債券格付とその債券を発行している企業の信用リスクとには相応の関係があるといえよう。

2　デフォルト率

格付機関が公表する情報で実務に応用可能な情報に，格付け別単年度デフォルト率がある。前述のとおり，デフォルトとは，発行した債券が約定どおりに償還されない事象を指す言葉である。また単年度デフォルト率とは，債券が格付けを得てから1年間に当該格付けを付した企業にどの程度の債務不履行が発生したかを表わすものである。言い換えれば債券の購入にかかわらず，当該企業と取引のある場合には格付けが企業の債務の償還能力を代弁する指標であるから，その値は広く与信管理に応用できることとなる。また，格付けが毎年決算ごとに見直されると考えれば（場合によっては格付けの見直しは四半期ごとかもしれない），単年度デフォルト率はあらゆる利害関係者の意思決定に資する情報を提供し得るともいえる。

取引における与信管理では，企業の状況（財務面のみならず経済環境も含めた企業が抱えるリスクの全て）については，少なくとも決算期ごとに見直す必要がある。その意味では単年度デフォルト率は，企業の状況を代弁する指標として有用である。なお，ムーディーズの格付けは，日本の格付機関よりも厳しい格付けをつけるといわれているが，ムーディーズによって格付けを付与された日本企業ではAaa格付け及びAa格付けを付されて1年以内にデフォルトに至ったケースは1990年から2016年の間に1件も発生していない。

なお，デフォルト発生の主たる原因は発行体企業の財政破綻である。このことか

ら，ムーディーズのAaa格付け及びAa格付けを得た企業については，格付後1年間は負債を償還できなくなるような状況に陥る可能性はないと考えて良い。また，ムーディーズの全投資適格等級格付を見ても1990年から2016年の間では，2008年と2009年にデフォルトが発生しているのみである。ちなみに，デフォルト率はデフォルトした債券数（発行体数）を同じ格付けの総債券数（総発行体数）で割って求めることから，デフォルト率からは何社にデフォルトが発生したかを把握することはできない。実際2008年，2009年に投資適格等級格付企業におけるデフォルト発生は，表1-3で確認できるとおり，わずか4件である。

ちなみに，本書で紹介する倒産予知モデル（SAF2002モデル）による企業格付は，ムーディーズやS&Pの格付けとほぼ同様の結果が得られることが検証されている（図1-3参照）。このことから，特に非上場企業や，また債券を発行していないことから格付機関から格付けを付されていない企業についても，SAF2002モデルを応用することにより自ら格付機関と同等の格付結果を得られることとなる。これは，複数の企業についてSAF2002モデルを用いて倒産判別値を求めることにより，単純に企業が倒産するか，倒産しないかを値で示すのではなく，モデルから求められた値を高い方から低い方へ並べることにより，企業の財政状態をランキングすることができるからである。

また，SAFモデルから求められる値が高い程倒産に至る確率は低くなり，値が下がれば，倒産確率が上昇する。意思決定を簡便的に行うのであれば，ある値を倒産

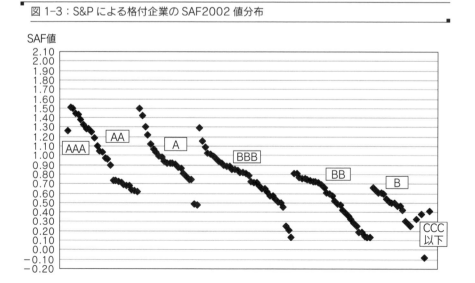

図1-3：S&Pによる格付企業のSAF2002値分布

判別ラインとして決定し，決定した値に対して，高い，低い，という事実をもって判断を行うという方法がある。倒産判別ラインを低くすれば倒産確率は高くなるが，どのラインで倒産，非倒産を判別するかは，モデル利用者の意思決定に依拠することとなる。この方法では，単純に倒産可能性が「ある」「ない」という2群の判断にすぎないこととなる。一方，全体をランキングで区分することにより格付けとして明示し，各格付け別に企業の安全性を確認できれば，利害関係者がより容易に意思決定を行うことができるであろう。

なお，各格付機関が，どのような要素を用いて企業を評価し，格付けをしているのかについては公開されてない。一般的には財務数値に定性的要因を加味して係数を求めているとされている。一方，本書にて紹介するSAF2002モデルは，財務数値のみによって構成されている。図1-3はS&Pによって格付けを付されている企業の財務数値を，SAF2002モデルで分析し，SAF値を算出して分布を確認した図である。この分布図でわかるとおり，SAF値による分布は，S&Pの格付分布と相応に相関していることが確認できる。このことから格付機関の格付けにおいても，定性的要因よりは，財務数値による判断に大きなウェイトが置かれていると推察される。

3　格付けの変動と発行体格付

債券の特徴は償還日までにタイムラグがある点である。よって累積デフォルト率という概念は，当初Aaaを付された債券が債券償還日まで継続して同じ格付けを付されていることを前提としている訳ではない。また債券は株式同様転売市場が存在することから，満期償還日までの間に累積したリスクとともに転売されることもある。

債券に対する格付けは，発行体企業の財政状態や周辺環境によって変更されることが多い。なお，ムーディーズの公表によれば1990年から2016年までの間では「日本の発行体の年間平均デフォルト率は全発行体のわずか0.15％，投機的等級発行体で1.12％。世界の発行体の年間デフォルト率はそれぞれ1.59％，4.07％」とされており，日本企業のデフォルト率は，他国と比較して非常に低いことがわかる。

また，ムーディーズによって発行体格付を付されている日本企業で，1990年から2016年の26年間に格付けが変化（格下げ，格上げ）した企業は年平均で18.1％，2016年単年では10.1％にすぎない。つまり発行体格付をムーディーズより付されている80％以上の日本企業では，2007年のリーマンショックを挟んだ26年間という長期間においても格付ランクが変化していない，つまり債券の償還能力に変化がなかったことを意味している。

債券格付に対して，債券を発行する企業自体を格付けしようとするものが発行体

格付である。ちなみに，本書で取り扱う格付けは，債券格付よりは発行体格付に極めて近いものといえる。発行体格付は，企業自体の財政的基盤や将来性を考慮して企業を格付けするものであり，当該企業が発行する債券はもとより取引や，銀行の信用管理にも利用することが可能である。

　格付けには，対象企業から格付依頼を受けた格付機関が，経営陣と面談を行い当該企業の財政状態，経営成績のみならず事業計画などをも加味した総合的判断に基づいて企業を格付けする「依頼格付」と，格付対象企業の経営陣が格付プロセスに関与することなく，格付機関が公開情報に依拠して自主的に格付けを付与する「勝手格付」の2種類がある。ちなみに現在わが国では，一般的には依頼格付と勝手格付とが混同されて用いられており，両者は特に区別して取り扱われていない。なぜなら，依頼格付は，格付機関に格付けの付与を依頼した企業のみに限られ，当然その数は限定的とならざるを得ず，結果依頼格付だけを利用したのでは，投資家が広範な債券を含んだポートフォリオを組むことが困難となるからである。このような理由から，現在では依頼格付，勝手格付の両方を区別せずに投資判断に利用しているケースが多い。

　ただし，同一の格付機関によって付された格付けは企業間の比較可能性が高いともいえるが，その反面，複数の格付機関による格付けは，各機関固有の評価尺度によって企業が格付けされていることとなるため，格付けに差異が生じている場合がある。特に外資系の勝手格付は，日本国内の格付機関による依頼格付よりも，2ノッチから3ノッチ厳しく，結果低い評価となる場合が多く判断に躊躇する場合がある。このことから，格付利用者は，格付機関が付与した格付けの信頼性を評価する為に自ら対象企業を分析するノウハウを身につける必要がある。

第2章 企業倒産のメカニズムと格付けとの関係

　第1章では企業を取り巻く利害関係者と格付けとの関係，格付けの仕組みや概念について解説した。前章で述べたとおり，発行体格付は，企業自体の財政基盤や将来性を考慮して企業を格付けするものである。また，企業が発行する債券がデフォルトする状態とは，債券の利払い，元本返済の不履行もしくはそれらが遅延した状態であり，その発生要因の一つとして債券発行体企業が倒産の法的処理を申請した場合が挙げられている。つまり，債券発行体企業が法的倒産処理を申請しても全ての負債が償還されないわけではないが，企業の倒産可能性が高まれば債券の利払い，元本の返済が不履行となる可能性が高くなることを意味し，企業信用力の低下とともに格付けは下がることとなる。このことを総合的に勘案すれば企業倒産の可能性が低い程当該企業の発行体格付けは高くなり，逆に企業の倒産可能性が高くなる程，当該企業の発行体格付けは低くなることとなる。そこで本章では，企業倒産の概念，倒産の発生状況とその実態そして，企業倒産のメカニズムについて概説し，企業倒産についての理解を深める。

第1節　企業倒産概念

　企業が「破綻」するという事態は多くの経済的犠牲を社会に強いるものであり，現代のようにめまぐるしく経済環境が変化する中では，いつその渦に巻き込まれ自らが犠牲者になるとも限らない。しかし，社会の中で我々を取り巻く多くのリスクの中でも，企業が「破綻」するという事象については結果のみが語られ事前の情報が得られにくいのが現状である。そこで，複雑な社会の中で自らの身を守るためには，起こり得る事象について少しでも理解を深め，できる限り予防策を講じておくことが必要となる。本章では会社が「破綻」するとはいったいどういう状態を指しているのかを整理することとする。

1　倒産処理の種類

　企業が「破綻」するという事態を指して「倒産した」という言葉がしばしば用いられている。では「倒産」という言葉は，どのような状態を指しているのだろうか。実は「倒産」という言葉は，厳密に概念規定された法律的な用語ではなく，慣用語にすぎない。無論日常語であっても世間で広く認知されている定義があり，その定

図 2-1：わが国における処理別倒産分類

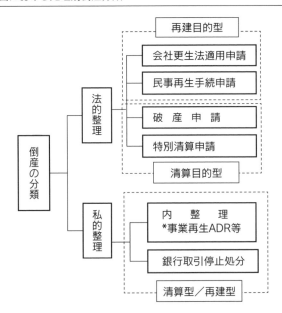

義では大きく分けて，企業が法的整理に入った状態，又は私的整理に入った状態を指して倒産と呼んでいる。つまり，企業が経営に行き詰まり，「民事再生手続」や「会社更生法適用申請」あるいは「破産手続」といった法的処理を申請したり，手形の不渡りを出し「銀行取引停止処分」を受けたりした場合に一般的に「倒産」と表現している。

なお，企業倒産の発生形態としては①会社更生，②民事再生手続，③破産，④特別清算，⑤内整理，⑥2回の手形不渡りによる銀行取引停止の6つがある。これらの関係を示すと図 2-1 のとおりである。

表 2-1 で確認できるとおり法的整理である会社更生法適用申請，民事再生手続，破産，特別清算のうち，わが国企業での申請が最も多い処理は破産であり，法的整理のほとんどを占めている。なお，法的倒産処理に含まれていた商法第 381 条第 1項（明治 32 年法律第 48 号）の規定による会社整理は，商法改定に伴い 2006 年 5 月で廃止となっている。

また近年，倒産件数自体は減少しているが破産の申請割合の増加傾向が顕著である。2000 年に破産を申請する企業は倒産企業全体の 15.68％しかなかったが，2016 年における割合は 90.43％に上っている。ちなみに，老舗企業等の場合は，破産に至る前に事業継承を行う，又は，一度民事再生法などを申請した上で，新会

第 2 章　企業倒産のメカニズムと格付けとの関係

表 2-1：わが国の倒産処理割合%（2006 年～2016 年：%）

年		2006	2007	2008	2009	2010	2011	2012	2013	2014	2015	2016
法的処理	更正法	0.04	0.06	0.19	0.23	0.11	0.05	0.12	0.03	0.02	0.01	0.01
	民生法	4.31	4.75	5.65	5.08	3.72	3.76	3.79	3.05	2.99	2.79	2.91
	破産	63.54	70.34	72.99	78.53	81.14	83.33	85.69	89.65	88.43	90.62	90.43
	特別清算	2.71	2.61	2.22	2.12	2.54	2.14	2.19	2.46	2.90	3.23	3.30
	法的処理合計	70.60	77.77	81.05	85.96	87.52	89.28	91.79	95.18	94.34	96.65	96.66
私的整理		29.40	22.23	18.95	14.04	12.48	10.72	8.21	4.82	5.66	3.35	3.34

出所：東京商工リサーチ『全国企業倒産状況』，帝国データバンク『企業倒産集計』より筆者作成

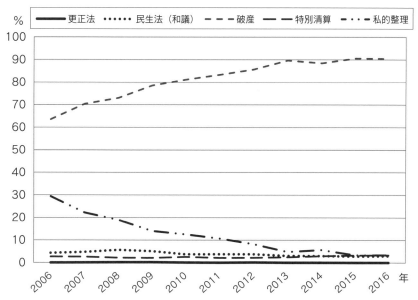

図 2-2：わが国の倒産処理実態

出所：東京商工リサーチ『全国企業倒産状況』，帝国データバンク『企業倒産集計』より筆者作成

社が支援に入ることが一般的であったが，近年は事業継承者が見つからず，直接破産に至る企業が増えている。

一方，かつてわが国の倒産の 80％以上を占めていた私的整理は激減し，2016 年では全倒産の 3.34％となっている。なお，私的整理とは，①6 か月以内に 2 回の

手形不渡りが発生し銀行取引停止となるか，又は②会社の代表が倒産を認め債権者会議により内整理に入った場合などを指していう。これは任意整理ともいわれ，経営者側と債権者との間で任意に話し合い，会社の手元に残っている資産を分配し債務の整理を行う。一方，破産の場合は，債権者との事前協議が行われることは稀であり，債権者は突然の事業廃止を告げられ，債権回収が困難となるケースが多い。このことからも，企業間取引に際してはこれまで以上に日頃の信用管理が重要となっていることが窺える。

　なお，法的整理，私的整理の6つの処理のいずれにも該当しない場合は，「倒産」したという表現は使われない。金融機関等の場合は一般事業会社の倒産処理とは異なる処理となる為上記のいずれにも該当せず，よって「倒産」とせずに「破綻」という表現を用いている。また近年私的整理が減少しているのは，手形取引の減少に起因するものと思われる。手形の不渡届が半年のうちに2回提出されると，東京手形交換所規則・施行細則第63条の規定により，銀行の取引が停止される。2000年における銀行取引停止処分を受けた企業は12,160件であったが，2016年には10分の1以下の1,062件にまで減少している（図2-3参照）。これは，団塊の世代の定年に伴い後継者問題などから自主廃業する企業の数が増加しており，結果私的整理

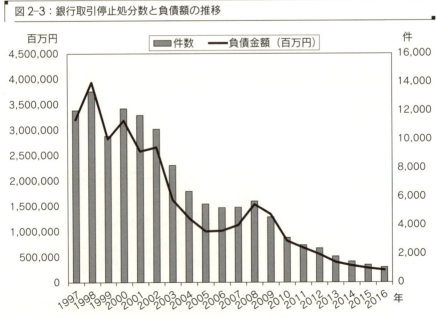

図2-3：銀行取引停止処分数と負債額の推移

出所：全国銀行協会調「法人取引停止処分者の負債状況」より筆者作成

に至る前に解散するケースが増えていることも原因の一つと考えられる。

2 倒産と事業継続

「倒産」という言葉から連想されるのは，企業の破綻，閉鎖，清算，解散などといった状況である。しかし，図2-1において定義された6つの倒産に該当する処理を観察すると，一般に考える倒産という概念に該当しないと思われる処理が含まれていることがわかる。それは，法的倒産処理である「民事再生手続」や「会社更生法の適用」申請をした場合である。これら法的倒産処理を申請した企業は，倒産法を申請したその日であっても事業を継続することが可能だからである。よって「倒産」の全てが事業廃止を意味する訳ではない。

このことから，新聞等では，「民事再生手続」や「会社更生法」を申し立てた企業を「事実上倒産した」と報道することが多い。なぜなら，これらの手続を申し立てる目的は，基本的には企業の清算を回避し経営の建て直しを図ろうとする行為だからである。これらの法律は，破綻に陥りそうな企業に対し早い段階で事業を回復させ，社会に与える損失を自らが将来補填する機会を与えることによって社会全体が被る経済的損失を最小限に抑えようとするものだからである。つまり，当該企業を「倒産させる」ための措置ではなく「倒産させない」ための措置である。したがって，これらの法的措置を申請した企業では事業を継続することから，「倒産したはずなのに営業している」こととなる。このように事業が存続している状態についても「倒産」と表現すると，慣習的に用いられている「倒産」という言葉の社会通念とは隔たりがあるように感じられる。あくまで倒産という言葉が慣用語であるなら，一般に認知されている「事業が継続できなくなった状態」を指して「倒産」と呼ぶ方がふさわしいともいえよう。事実，経済的に破綻し債権放棄を多額に受けながらも営業を続ける企業と，法的整理を行いすでに再建を果たした企業との間にどの程度の差があるのかは疑問である。

このように，倒産には，企業を再建させる（継続させる）ことを目的とするものと，企業を清算する（廃業する）ことを目的とする2つの処理があるため，それらを同義に扱い1つの「倒産企業」という区分で処理することは好ましいことではない。

わが国では2003年3月1日以降終了する事業年度に係る会計年度から，会計監査人より「企業の継続能力に関わる監査人の意見表明（以下，継続企業の前提）」が付されるようになった。公認会計士協会による継続企業の前提に関する開示の文例（2002年年11月公表，2009年4月改訂）は表2-2のとおりである。なお，日本公認会計士協会では，「企業が将来にわたって事業活動を継続する」前提を「継続企業の前提」と呼び，継続企業の前提が成立していないことが明らかな一定の事実につ

表 2-2：継続企業の前提に関する開示の文例（連結財務諸表注記）

> 当グループは，当連結会計年度において，○○百万円の当期純損失を計上した結果，○○百万円の債務超過になっています。当該状況により，継続企業の前提に重要な疑義を生じさせるような状況が存在しています。
> 　連結財務諸表提出会社である当社は，当該状況を解消すべく，○○株式会社に対し○○億円の第三者割当て増資を平成○年○月を目途に計画しています。また，主力金融機関に対しては○○億円の債務免除を要請しております。
> 　しかし，これらの対応策に関する先方の最終的な意思表明が行われていないため，現時点では継続企業の前提に関する重要な不確実性が認められます。
> 　なお，連結財務諸表は継続企業を前提として作成しており，継続企業の前提に関する重要な不確実性の影響を連結財務諸表に反映していません

出所：日本公認会計士協会 監査委員会報告書第 74 号「継続企業の前提に関する開示について」

いて監査実務指針に例示し，指針に該当する場合には表 2-2 に示したコメントを付すことを求めている。ただし，監査における継続の判断は，あくまで「継続企業を前提として財務諸表を作成する」か否かの基準にすぎない。事業を継続する企業における棚卸資産や半製品は，翌日には現金化し得る可能性があることから「流動資産」に区分され開示される。しかし，明日清算してしまう企業における棚卸資産や半製品は現金化どころか処分するための廃棄費用までもが必要となるかもしれない。つまり，企業の資産の評価方法は，明日事業を継続する企業と清算する企業では同一ではあり得ないという考えが基礎となっている。

なお，日本取引所グループ＝JPX（2013 年 1 月東京証券取引所グループと大阪証券取引所が経営統合し日本取引所グループとなった）では「継続の前提に関する追記情報」の開示が義務づけられた直後の 2004 年から 2012 年まで，監査意見の集計結果を不適正意見，意見表明差控（意見不表明）とともに，「追記情報に継続企業の前提に関する注記の付されている企業」の数，及び注記の記載のある会社名を決算月別に公表していた。この情報は非常に有用な情報として利用されてきたが，取引所が日本取引所グループに経営統合されてからは，同情報の開示はされなくなっている。

そこで慣用的に用いられている企業の倒産概念と，継続企業との関係を表 2-4 にまとめた。この概念はわが国のものであり国によってこの判断基準には違いが見られることは注意を要する。

また，わが国には「企業清算を前提」とした会計基準が存在しないことから，企業が法的倒産処理を申請しない限りは，表 2-2 において示したように，当該企業の有価証券報告書に公認会計士の「継続企業の前提に疑念あり」との意見が付されていたとしても，財務数値は継続を前提に作成されることとなる。なお，表 2-4 で明

表2-3：継続企業の前提が成立していないことが明らかな一定の事実の例

1. 更生手続開始決定の取消し，更生計画の不認可など
2. 再生手続開始決定の取消し，再生計画の不認可など
3. 整理開始後の破産宣告
4. 破産法の規定による破産の申立て
5. 商法の規定による特別清算開始の申立て
6. 法令の規定による整理手続によらない関係者の協議等による事業継続の中止に関する決定
7. 行政機関による事業停止命令

出所：日本公認会計士協会『監査実務指針』第18項

表2-4：倒産概念と事業継続／非継続との対応関係

適用法 （法令番号）	法的 倒産概念	倒産法による 資産再評価方法	事業継続 ／非継続
会社更生法 （平成14年法律第154号）	倒産	継続価値（時価）	継続
民事再生法 （平成11年法律第225号）	倒産	清算価値 例外的に継続価値	継続
破産法 （平成16年法律第75号）	倒産	清算価値	非継続
特別清算手続 （平成17年法律第86号）	倒産	清算価値	非継続
特定調停法 （平成11年法律158号）	非倒産	継続価値	非継続
私的整理	倒産	清算価値	非継続
事業停止命令	非倒産	――	非継続

らかなとおり，倒産法の下では適用される法律ごとに資産の再評価方法が決められており，よって債権者への償還額も各基準に照らして決定されることとなる。これに対し日本公認会計士協会では，わが国の会計基準において，「解散決議をした会社のほか，裁判所の管理下において一定の法定手続の実施により更生・再生を目指している会社等の資産及び負債の評価に関する考え方が明確にされていない」点を指摘してはいるが（日本公認会計士協会会計制度委員会研究報告第11号），新しい基準が制定されるまでには至っていない。これらのことから，財務分析の対象企業について「継続企業の前提に重要な疑義を抱かせる事象や状況」に関わる注記がなされて

いる場合には，貸借対照表上の資産額及び負債額については企業実態を適切に反映していない可能性があることを認識しておく必要がある。

これまで述べてきたとおり，倒産の法的処理である会社更生法の適用や民事再生手続の申請が予測されても，当該企業はあくまで「継続企業」である。しかし，企業が会社更生法の適用や民事再生手続の開始などの倒産処理を申請した場合，事業は継続されるが上場廃止となるわけであるから，投資家にとっての当該企業の継続性（上場企業として企業が継続する条件）は否定されることとなる。さらには，法律上の解釈では会社更生法を適用された企業は，保有資産を時価（2006年の倒産法制改定によりそれまで「会社が事業を継続するものとして評定した価額」と表現されていたものが「時価」との表現に変わった（会社更生法83②））で再評価し，民事再生手続が適用された企業では保有資産は原則的に清算価値で再評価することとなっている。このように適用する法によって保有資産の再評価方法が異なっており統一的な基準となっていない。また，金融商品取引法（2007年9月30日施行，旧証券取引法）では継続企業を前提とした時価が適用され，金融再生法等では清算価値（一般的に，その時点におけるその物が売買される実際の価格）が適用される。したがって，倒産を申請する企業が，どの手続を選ぶかによって債権者への償還額に違いがでることとなる。言い換えれば，保有資産を清算価値によって再評価するとされている民事再生手続を申請した方が，資産評価額がおのずと低くなるため，債権者への償還額が軽減され，企業再生はより容易となる。

3　倒産効果の得られるその他の法的処理

再建型の法的整理を行いながらも営業を続けている企業を「倒産企業」と呼ぶのであれば，あたかも再建型の法的整理と同様の措置を受けながら，これまで挙げた整理方法に該当しない手続によって生き永らえている企業についても「倒産企業」と呼べるのではないだろうか。いくつかの措置について内容を確認する。

(1) 特定調停法

わが国では倒産の法的整理（特に民事再生手続）と同様の効果が得られる特定調停法（「特定債務等の調整の促進のための特定調停に関する法律」）が2000年2月17日に施行されている。同法は，1999年12月13日の臨時国会で成立し，同月17日に公布された議員立法である。これにより2000年3月9日に東証第2部の井上工業（株）（以下，井上工業と呼ぶ）が金融機関19行への約150億円の債務免除を要請するための同調停を申し立てている。なお，特定調停法は2017年まで202社が利用し，簡易デューディリジェンス後191社が受理されている。また，受理された企業

表2-5：上場企業の特定調停法利用実績（2017年3月31日現在）

アイフル株式会社等	東証一部	消費者金融	成立
株式会社アルデプロ	東証マザーズ	不動産再活事業	成立
株式会社コスモスイニシア	JASDAQ	不動産業	成立
株式会社さいか屋	東証二部	小売業	成立
株式会社新日本建物	JASDAQ	不動産販売	成立
株式会社日本エスコン	JASDAQ	不動産業	成立
株式会社日本航空等	東証一部	航空運輸業	会社更生手続移行
株式会社マルマエ	東証マザーズ	精密部品加工業	成立
株式会社御園座	名証二部	娯楽業	成立
株式会社明豊エンタープライズ	JASDAQ	不動産販売	成立
株式会社ユアーズ，株式会社丸和	福証	スーパーマーケット	成立
大和システム株式会社	東証一部	不動産業	民事再生手続移行
日本インター株式会社	東証二部	その他電気機械器具製造	成立
日本アジア投資株式会社	東証一部	その他の金融業	成立
ラディアホールディングス（株）	東証一部	その他サービス業	成立
ワールド・ロジ株式会社	JASDAQ	運輸付帯サービス業	破産手続移行

出所：経済産業省産業再生課「事業再生ADR制度について」2017年

の約2割は，事業再生計画案に対し債権者全員の合意に至っていない（経済産業省『事業再生ADR制度について（平成29年）』）。2017年までに特定調停法を利用した企業のうち上場企業における利用実績は，表2-5のとおりである。

　本来，特定調停法は金融機関からの債務免除が受けにくい中小企業を対象として新設されたものだが，井上工業の申立てにより上場企業や大企業においても同法を申請する可能性がでてきた。井上工業の場合は上場企業として特定調停を申し立てた第1号のケースであるが，金融機関との債務免除交渉が暗礁に乗り上げたような場合，規模にかかわらず企業が特定調停法を申請する可能性は否めない。なお，特定調停法は単に一部の債権者を相手とする民事調停手続であるから，調停に同意した債権者にしかその効力は及ばない。また裁判所から保全命令を受けて全ての債権者に効力が及ぶ民事再生法の申請を行えばその企業は「倒産企業」として扱われるが，特定調停法の申立てをしてもその企業は倒産企業としては取り扱われることはない。つまり，これまで企業は金融機関への債権放棄の要請が困難となった場合，倒産（法的整理や私的整理）の道を選ばざるを得なかったが，特定調停の申請を行う

ことにより倒産という手段をとらずに債務免除を受け事業を継続できることとなる。

ただし,民事再生手続の申請を行った場合と特定調停の申請を行った場合とでは,税法上の取扱いに違いがある。企業が民事再生手続を申請した場合は,棚卸資産や固定資産の評価損を計上することが認められているが,特定調停を申請した場合は資産の評価損計上の対象とはならないこととされている。なお,民事再生法と特定調停法との処理内容を比較すれば表 2-6 のとおりである。

表 2-6 でも明らかなとおり,特定調停法では対象債務が限られていること,よって保全処理に違いがある点を除けば,民事再生法との取扱いに大きな相違はない。

表 2-6：民事再生法と特定調停法の比較

	民事再生法	特定調停法
施行開始	2000 年 4 月 1 日	2000 年 2 月 17 日
手続	倒産手続	民事調停手続
適用対象及び申立原因	全ての法人及び個人 ①「破産原因事実が生じる恐れがある場合」 ②「弁済期に著しい支障をきたす場合」のいずれか	全ての法人及び個人 ①「支払不能に陥るおそれのある個人又は法人」 ②「その事業の継続に支障を来すことなく弁済期にある債務を弁済することが困難である事業者」 ③「債務超過に陥る恐れのある法人」のいずれか
申立者	債務者,債権者	債務者
保全処分	「弁済禁止」「資産処分禁止」「借入禁止」等の保全処分。「個別の強制執行」,「担保権実行等の中止命令」,「強制執行等の包括的禁止命令」を含む	なし
会計処理	資産の評価損計上可能	資産の評価損計上不可
対象債務	全債権者への債務	特定債権者への債務
債権者集会	任意	任意
経営権	従来の経営陣	従来の経営陣
手続後	採算部門を他社へ営業譲渡し,譲渡代金で債権者への弁済を完了し手続を短期間で終了する	調停が不調に終わった場合,民事再生法申請へ進む可能性大

出所：相澤哲, 2001「特定調停法の概要について」『Credit & Law』No. 137：9-10. 花村良一, 筒井建夫, 菅家忠行, 2000「民事再生法の概説」『Credit & Law』No. 124：20-22. より筆者作成

なお，特定調停は 2003 年のピーク時には 54 万件を超えた申請がなされたが，2014 年には 3,358 件の申請に留まり，近年利用はさらに減少している。これは，特定調停における成立件数が 2004 年から 2010 年までの平均で 3.1 %程度と低いことが原因の一つともいわれている。

(2) 私的措置

　法的手段を取らないまでも債権放棄や，デット・エクイティ・スワップなどの手段を講じることにより企業再建を図るケースもある。裁判所の監視下に置かれないこれらの手続については当然倒産扱いとはならない。さらには，デット・エクイティ・スワップとほぼ同様の効果をもたらす第三者割当増資を行うケースもある。つまり特定の債権者に増資を引き受けてもらうことによって調達した資金を，当該債権者の債務へ充当することで負債を圧縮する方法である。このような第三者割当増資は，デット・エクイティ・スワップと同等の効果を持つ措置である。

　近年の上場企業における第三者割当増資の推移を図 2-4 に示した。近年第三者割当増資による資金調達件数は増加しているものの 1 件当たりの調達額は減少傾向にあることがわかる。なお，債権放棄やデット・エクイティ・スワップといった手段を講じる企業は当然に経営がひっ迫している状況にある。また，これらの措置では実際には企業へ資金が流入しないことから資金難が解消されることはない。特に債権放棄については，会計処理上，債権放棄された額と同額が「債務免除益」として特別利益に計上されることから，損益計算書上は一見当期純利益が増大したような外観を呈することとなる。ただし，実際に現金が流入するわけではない点を十分に認識する必要がある。計算上の純利益が増加した分，現金支出を伴う課税額も増加すること，また当期純利益が上昇することから株主からは配当の増額を求められる可能性もあり，当然にさらに経営がひっ迫することとなる。

　このように，債権放棄やデット・エクイティ・スワップ（第三者割当増資も含む）を実施した企業については，経営改善よりは経営悪化傾向にあり，倒産予備軍と考えてよい。また私的整理にはあたらないが，経営困難に陥った企業を支援する産業競争力強化法（平成 26 年 1 月 20 日施行）がある。これは，産活法（産業活力の再生及び産業活動の革新に関する特別措置法）として，経営難の企業に対し，生産性向上に向けた再編・設備投資などを支援する目的で施行された法律である。ちなみに，産業競争力強化法に措置された「事業再編の促進」とは，債権放棄を含む，認定経営資源再活用，計画認定事業革新設備導入，認定経営資源融合，認定資源生産性革新，認定事業革新新商品生産設備導入，認定資源制約対応製品生産設備などのそれぞれの計画に適用される。ただし，本強化法の適用を受けた後に倒産した企業もあり，

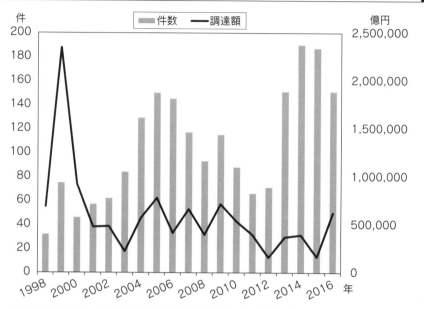

図2-4：上場企業三者割当増資の推移

出所：総務省統計局，2018『全国上場会社資金調達額』より筆者作成

必ずしも企業再生を可能とする訳ではない点は注意を要する。

第2節　企業倒産の発生状況

　バブル経済崩壊以降25年以上が経過した。バブル経済崩壊以降，わが国経済は「失われた20年」といわれてきた。デフレが続き，わが国は長く不況にあえぎ，企業倒産が増加の一途をたどっていたかのような印象を受ける。そこで実態を把握することとした。

1　企業倒産件数の推移

　図2-5で示したとおり確かにバブル経済崩壊後1998年には19,171件の倒産件数を記録し前年を2,700件以上も上回っている。さらに，2000年に倒産発生件数は一度上昇に転じ，2000年は19,071件，2001年には19,441件，2002年には19,458件と少々増加していることが確認できる。しかし，2008年9月15日に，米国のリーマン・ブラザーズ・ホールディングス（Lehman Brothers Holdings Inc.）

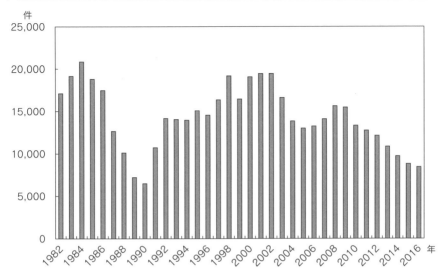
図2-5：日本における法人倒産件数の推移

出所：東京商工リサーチ2017.『全国企業倒産状況』，帝国データバンク2017.『企業倒産集計』より筆者作成

の経営破綻をきっかけに連鎖的に起こった世界規模の金融危機（リーマンショック）の際も，わが国では突出して倒産発生が増加したという実態は確認できない。一方，2008年以降の企業倒産発生件数は下落傾向を見せ，戦後最少の倒産発生を記録したバブル経済誇張期と同程度にまで発生件数が減少している。なお，2016年における倒産発生は8,446件であり，円高が急速に進行した1984年（20,841件）と比較し35％も減少しており，件数だけを比較しても決して近年倒産が増加しているとの根拠は得られない。

一方，倒産には含まれないが，毎年相応の数の企業が休業や解散に追い込まれている（図2-6参照）。これは，団塊の世代が70歳を迎え，後継者問題に起因しているものと思われる。

また同期間における米国の倒産件数を観察すると図2-7のとおりである。米国連邦中小企業庁（Small Business Administration：SBA）の調査による米国における年間起業数は約67万社，これに対し清算企業数は年間約55万社に上る。また，US Census Bureauの報告によると従業員を常時雇用している米国法人は2006年で580万9,782社であり，わが国の法人数と比較し2倍程度である。これに対し企業倒産はわが国の8倍程度発生していることから，倒産の発生率はわが国より格段に多いことがわかる。なお，米国では中小企業（米国中小企業庁助成政策審議局（Office

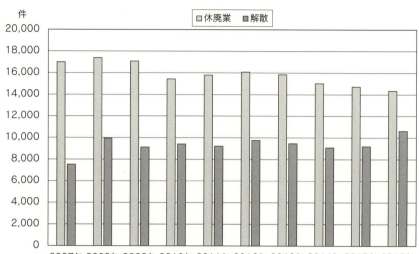

図 2-6：企業の休業・解散数の推移

出所：帝国データバンク『第 10 回：全国「休廃業・解散」動向調査』2018：2 より筆者作成

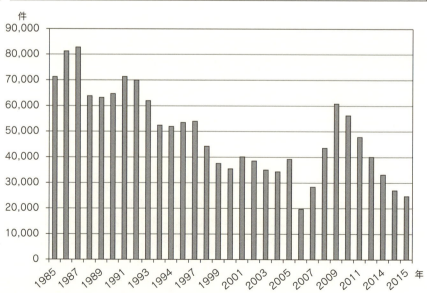

図 2-7：米国における法人倒産件数の推移

出所：American Bankruptcy Institute.2016.Bankruptcy data. より筆者作成

of Advocacy）にて公表している「Small Business-Frequent Asked Questions」では，一般には従業員500人未満の企業を中小企業と呼んでいる）のうち，従業員1〜19人の企業が全企業の89.3％を占めており，倒産発生はわが国同様圧倒的に中小企業に多いことがわかる。

　なお，倒産発生を件数で把握することについては反対意見もある。大企業の1倒産と町工場の1倒産を同列に扱うことでは倒産の社会的影響を正確に把握できない，との意見である。しかし，大企業が倒産すれば1倒産では終わらない。1997年4月に倒産した日本債券信用銀行の場合は66社，1998年9月に倒産した日本長期信用銀行の倒産では63社の関係会社が連鎖倒産に至っている。また，2002年3月に倒産した佐藤工業(株)の場合は28社，2000年7月に倒産した(株)そごうの場合は関連会社21社を含む58社が連鎖倒産に至っている。さらには2001年9月に倒産した(株)マイカルの場合も関係会社22社を含む51社が倒産に至っている。このように1倒産が社会に与える影響は連鎖倒産の数から客観的，合理的に把握することができる。大企業が倒産すれば連鎖倒産が多数発生し，その結果総倒産件数も増加することとなるからである。

2　倒産率にみる近年の倒産傾向

　次に，国税庁の『法人企業の実態』によりわが国の法人総数が把握できる1971年から2016年までの倒産率を観察した。図2-8のとおりである。なお倒産率とは，倒産件数を各年の法人総数で除して求めたものである。倒産の発生については件数で比較することが多いが，件数の観察は母集団である総企業数が増加すれば倒産件数も増加することとなるため，比較可能性が低く倒産発生傾向やその推移を正確に把握できない。したがって比較可能性を高めるためには，倒産率の推移を観察することが好ましい。

　わが国における企業倒産率を観察した結果，オイルショックの1974年から円高不況を脱しバブル経済の予兆がみられた1986年までは，1％を超える倒産率を見せている。つまり企業の100社に1社が倒産する状況であった。特に1984年は法人企業総数が1,624,261社であったことから，倒産率は1.28％という高い値となっている。これに対し1987年からバブル経済の終焉を迎える1991年までは，それまでの4分の1程度にまで倒産率が減少している。このことは，バブル経済誇張期は社会全体に実際の経済力以上の資金が流れ，本来であれば倒産すべきような状況にあった企業までその流れに乗ってさえいれば生き続けることができた時代であったことを物語っている。

　なお，近年の状況を見ると2016年のわが国の法人総数は国税庁のデータによれ

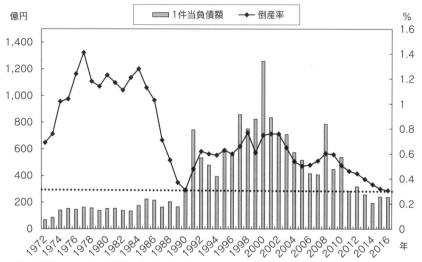

図 2-8：わが国企業の倒産率と 1 件当たり負債額の推移

出所：国税庁 2017「法人企業の実態」，東京商工リサーチ 2017「全国企業倒産状況」，帝国データバンク 2017「企業倒産集計」より筆者作成

ば，2,672,033 社と倒産件数がピークであった 1984 年の 1.645 倍に増加しているにもかかわらず倒産件数は 8,446 件，倒産率は 0.31 ％にすぎない。この値はバブル経済誇張期である 1990 年と同じ倒産率である。ちなみに，倒産率の傾向は 2013 年で 0.40 ％，2014 年で 0.35 ％，2015 年で 0.32 ％と近年安定的に推移しており他国にみない倒産発生率の少なさを見せている。わが国では，1976 年から 1986 年まで倒産率が 1 ％を下まわったことはなく，当時の倒産率がほぼ 1 ％から 1.4 ％の間で推移してきていることに対し 1987 年から 1 ％を下回る倒産率が続いている。

ただし注目すべき点は，1 件当たり負債総額の変化である。バブル経済を境に 1 件当たり負債総額が大きく跳ね上がっている。これは，バブル経済崩壊以降 1997 年北海道拓殖銀行，日産生命，1998 年日本長期信用銀行，同年日本債券信用銀行，1999 年東邦生命，2000 年には千代田生命，第百生命，協栄生命，大正生命，2001 年東京生命，2008 年大和生命と，金融機関，生命保険会社などの大型倒産の発生が原因である。わが国の行政指導による護送船団方式が解体したといわれた。ちなみに，バブル経済崩壊以前では 1984 年に年間 2 万件を超える企業倒産件数を記録している。しかし当時の 1 件当たりの負債総額は非常に小さいものであった。これは，当時規模の小さい製品加工型企業が日本企業の主流であり，輸出型経済が進行する円高に耐え切れずに多数倒産していったことによる。この傾向は，バブル経済

を挟んで，大手金融機関・生命保険会社の破綻という，全く異なった傾向へ変貌していった。

3 企業年齢と倒産

これまでの分析から，近年デフレ傾向にあり経済が下火であるかの如くの見解は否定され，どちらかといえば非常に安定した経済環境にあり，結果，低い倒産率の推移をみせていることが確認できた。この傾向は，倒産件数が低いだけでなく，1件当たりの負債額にも同様の傾向が見られ，大型倒産がほとんど発生していないことを物語っている。

そこで企業年齢と倒産との関係を分析した。企業規模は企業年齢と必ずしも一致しないが，相対的には年齢の若い企業ほど規模は小さいと考えられる。そこで，企業年齢と倒産の発生について調査した。

企業は創業間もない方が，財政基盤が脆弱であるとの考えから倒産可能性が高いと信じられてきた。図2-9及び図2-10は倒産企業の創業年数（年齢）を調査したものである。その結果バブル経済崩壊以降創業10年未満の企業の倒産割合が年々減少傾向にあることがわかる。さらに詳細に確認すると，2006年頃からは，「創業31年以上」と「創業11年以上20年まで」の企業が全体のほぼ30％ずつ，「創業10年未満」及び「創業21年以上30年まで」の企業は，全体のほぼ20％ずつと創業年別による倒産発生率にほぼ違いがないことがわかる。これに対し1991年では50％以上が創業10年未満の企業の倒産発生であり，当時は社会が若い企業をサポートする仕組みが脆弱であり，一方業歴の長い企業については与信管理が甘かったことが見て取れる。また，創業10年から20年の企業の倒産傾向は，2006年頃から近年まで大きな変化が見られない。これに対し創業30年以上の企業の倒産が増加していることがわかる。バブル経済崩壊以降の，創業30年以上の老舗企業の倒産件数の推移を図2-11にまとめた。2004年から2006年に一時的に倒産件数が減少しているが，以降も毎年，老舗と呼ばれる創業30年以上の企業の倒産が顕著に増加しており，わが国の倒産の構造が明らかに変化をみせていることがわかる。そこで，さらに2008年から2017年までの間に倒産した創業100年以上の企業の倒産件数を表2-7にまとめた。結果，954社もの企業が倒産に至っていることが確認できた。

なお，最近の事例では，1834年創業の老舗和菓子店，(株)花園万頭が，2018年5月31日に東京地裁に破産を申請し同日保全管理命令を受けている。本破産申請においては，負債の一切は継承されないという条件で，(株)パティスリー銀座千疋屋の子会社として同名の(株)花園万頭という新会社が設立され，全事業が譲渡され

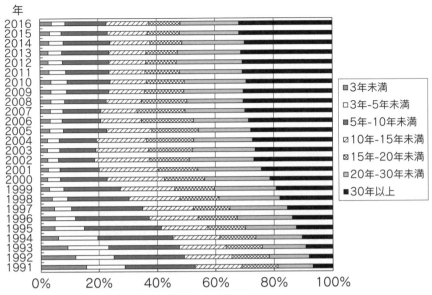

図 2-9：企業倒産年齢の推移

出所：帝国データバンク『全国企業倒産集計』より筆者作成

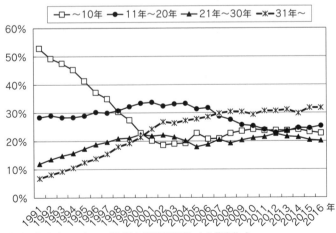

図 2-10：倒産企業の創業年別割合

出所：帝国データバンク『全国企業倒産集計』より筆者作成

図 2-11：創業 30 年以上の企業の倒産件数

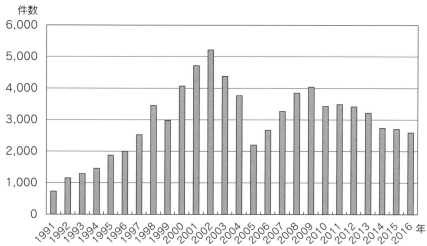

出所：帝国データバンク『全国企業倒産集計』より筆者作成

表 2-7：創業 100 年以上の老舗企業倒産数

年度	件数
2008	125
2009	103
2010	92
2011	89
2012	111
2013	93
2014	81
2015	84
2016	97
2017	79
合計	954

出所：帝国データバンク『全国企業倒産集計』より筆者作成

ている。つまり(株)花園万頭は継続して事業を行っているような外観を呈しているが、実際には同社は破産、解散に至り、花園万頭の184年の歴史は幕を下ろしたこととなる。

このように、わが国全体での企業の倒産発生件数が年々減少する中、老舗企業の倒産割合が増加しているということは、企業に対する社会的評価が、企業の真の実力に向けられ、「老舗企業」といった理由では、生き長らえることができなくなっている実情を表している。

4　企業規模と倒産

近年では、創業30年以上の老舗企業を除けば企業の年齢にかかわらず同程度倒産が発生していることが確認できた。そこで、実際の企業倒産は、どの程度の規模の企業に多いかを2012年から2016年までの倒産データから調査した（表2-8）。その結果、倒産時の負債総額が5,000万円未満の企業がどの年も比率が最も高かった。一方、払込資本の額でもほとんどが、資本金5,000万円未満の規模の企業で

表2-8：負債額・資本金別倒産割合

単位：％

	年	2012	2013	2014	2015	2016
負債額別	1,000万～5,000万円未満	51.8	54.4	40.8	37.4	40.7
	5,000万～1億円未満	16.7	15.3	19.1	18.3	17
	1億円～5億円未満	23.8	23.3	29.1	29.5	28.5
	5億円～10億円未満	4.1	3.5	4.8	6.5	6.4
	10億円～50億円未満	3.0	3.1	4.3	6.2	5.6
	50億円～100億円未満	0.3	0.3	0.8	1	0.8
	100億円以上	0.3	0.2	1.1	1.1	1
資本金別	個人経営	15.6	15.6	14.8	15.5	15.5
	100万円未満	2.4	2.7	2.9	3.0	3.6
	100万円～1,000万円未満	36.3	38.8	39.9	39.8	40.9
	1,000万円～5,000万円未満	41.3	38.7	37.6	37.7	36.0
	5,000万円～1億円未満	2.9	2.8	3.3	3.2	3.1
	1億円以上	1.5	1.3	1.4	0.9	0.9

出所：帝国データバンク『全国企業倒産集計』より筆者作成

あった。

なお、平成17年7月に公布された「会社法」（平成17年法律第86号）及び関係法律の整備法である「会社法の施行に伴う関係法律の整備等に関する法律」（以下、「会社法整備法」）（平成17年法律第87号）により、平成18年5月1日からわが国では、最低資本金規制が撤廃された。つまり、それまでの特例制度等によらなくても、資本金1円から会社設立が可能となっている。また、債権者保護と企業経営の安定的継続を図るため、純資産額（資本金＋資本剰余金＋利益剰余金）が300万円を下回る場合には、配当はできないこととなっている。

ただし、法的に資本金1円での会社設立が認められ、純資産が300万円に蓄積されるまで配当が規制されたとしても、そのような過少資本の企業が、事業を維持、継続できるかどうかは別問題である。このことは表2-8で示したとおり、資本金額が100万円から1,000万円の群における倒産が最も多いことからも明らかである。

ちなみに、経営が困難となった中小企業では、借入金の返済猶予を受けて延命を試みようとする。そこで返済猶予を受けてから倒産に至った企業を調査した。図2-12のとおりである。先に述べたとおり、企業倒産の発生件数は年々減少傾向にある。一方ほぼゼロ金利時代である現代において、現実には、返済猶予を受けてから倒産に至る企業が近年増加していることが確認できる。

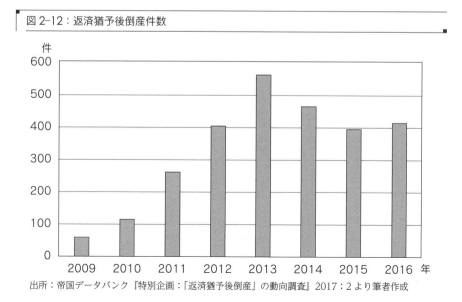

図2-12：返済猶予後倒産件数

出所：帝国データバンク『特別企画：「返済猶予後倒産」の動向調査』2017：2より筆者作成

5 米国における上場企業の倒産状況

　図2-13で示すとおり，American Bankruptcy Institute の報告では，米国では2000年に176件，2001年に263件，2002年には220件と，同期間大量の上場企業が倒産している。ただし2003年では172件，2004年では92件，2005年86件，2006年では66件と近年上場企業の倒産は若干減少傾向にあるといえる。

　また，隣国韓国では，韓国経済が危機に見舞われた1997年第2四半期から1998年の第1四半期までの6か月間に韓国証券市場に上場していた75社が倒産し，韓国経済が安定したといわれている1991年以降でも1年で10件近くの上場企業が倒産している。

　ちなみに，ニューヨーク証券取引所の上場企業数はおおよそ2,300社であるから，米国の場合は多い年では上場企業の10％，少ない年でも上場企業の3～4％が倒産していることとなる。また，韓国の上場企業数は730社程度であるから韓国では経済危機の期間は概ね全上場企業の10％，安定期でも1.5％程度の倒産が発生している。さらに表2-9は米国において1980年から2016年までに発生した倒産のうち，倒産直前期の総資産額上位20社の一覧である。この表からもわかるとお

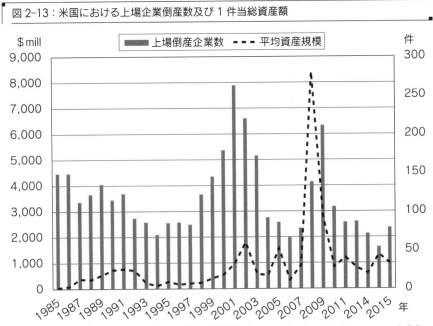

図2-13：米国における上場企業倒産数及び1件当総資産額

出所：New Generation Research, Inc., The 2017 Bankruptcy Yearbook 2 Almanac, pp4. より筆者作成

表2-9：米国倒産トップ20（総資産規模・1980～2016）

	企業名	倒産日	倒産直前総資産額 （単位：100万ドル）
1	Lehman Brothers Holdings Inc.	9/15/2008	$691,063
2	Washington Mutual, Inc.	9/26/2008	$327,734
3	WorldCom, Inc.	7/21/2002	$103,914
4	General Motors Corporation	6/1/2009	$91,047
5	CIT Group Inc.	11/1/2009	$80,449
6	Enron Corp.	12/2/2001	$65,503
7	Conseco, Inc.	12/18/2002	$61,392
8	Energy Future Holdings Corp.	4/29/2014	$40,970
9	MF Global Holdings Ltd.	10/31/2011	$40,542
10	Chrysler LLC	4/30/2009	$39,300
11	Thornburg Mortgage, Inc.	5/1/2009	$36,521
12	Pacific Gas And Electric Company	4/6/2001	$36,152
13	Texaco, Inc.	4/12/1987	$34,940
14	Financial Corp. Of America	9/9/1988	$33,864
15	Refco Inc.	10/17/2005	$33,333
16	IndyMac Bancorp, Inc.	7/31/2008	$32,734
17	Global Crossing, Ltd.	1/28/2002	$30,185
18	Bank Of New England Corp.	1/07/1991	$29,773
19	General Growth Properties, Inc.	4/16/2009	$29,557
20	Lyondell Chemical Company	1/6/2009	$27,392

出所：BankruptcyData. Com New Generation Research, Inc. Boston, MA

り，米国における上場企業の倒産については倒産割合が多いだけでなく倒産企業の規模もわが国とは比較にならない程大型のものである。

これに対し，わが国上場企業の倒産件数は表2-10のとおりである。わが国における上場企業の倒産は，全ての市場合計で，多い年で20件程度，少ない年は倒産発生が全くない年もあり，倒産発生件数全体に占める上場企業の倒産割合は極めて少ない。また，わが国における上場企業総数はおおよそ3,600社であるから上場企業における倒産率は多い年で0.5％，少ない年では0.05％程度である。

表 2-10：年別上場・店頭公開企業倒産数の推移

単位：件数

	1995	1996	1997	1998	1999	2000	2001	2002	2003	2004	2005	合計
上場1部	0	0	8	5	2	8	9	13	3	3	2	53
上場2部	0	1	2	2	3	4	4	9	4	4	2	35
新興市場	4	2	4	3	2	0	1	7	2	5	4	34
合計	6	3	14	10	7	12	14	29	9	12	8	124

	2006	2007	2008	2009	2010	2011	2012	2013	2014	2015	2016	合計
上場1部	0	2	17	13	5	4	0	0	2	0	2	45
上場2部	0	3	16	6	7	2	3	0	1	0	3	41
新興市場	2	1	1	1	2	0	0	1	0	0	1	9
合計	2	6	34	20	14	6	3	1	3	0	6	95

出所：帝国データバンク『全国企業倒産集計』

　ただし，1981年から1990年までの間におけるわが国での上場企業倒産がわずか14件であったのに対し，バブル経済誇張期以降失われた10年といわれた期間である1991年から2000年までの間では上場企業倒産が64件，一方，2001年から2010年までリーマンショックを挟んだ期間における上場企業倒産は148件と，同時期非上場企業における倒産発生は減少傾向を示しながら，上場企業の倒産は激増した。ちなみに2011年から2016年までの期間では，19件と上場企業の倒産は大きく減少している。

　ちなみに2000年以降にわが国における上場企業の倒産が増えた原因は，2000年4月に民事再生手続が開始され，これまで以上に倒産処理が容易になったこと，不良債権の処理などについて社会的批判が高まったことなどから，いつまでも悪化した財務内容のまま企業を存続させるよりは，裁判所の管理の下に企業を再生させることが得策であるとの考えが浸透してきた結果と思われる。なお，民事再生法の施行が，上場企業の倒産申請に相応に影響を与えたことが推察されることから，民事再生手続の申請割合を調査した。表2-11のとおりである。

　民事再生手続の利用が開始されるまでは，店頭公開企業を含む上場企業の倒産のうち再建型の処理である会社更生法の適用を申請する企業の割合は46.3％であった。しかし，2000年4月に民事再生手続の申請が開始されてからは，会社更生法を含む再建型の倒産処理を利用する企業の割合は全上場企業のうち87.2％を占めるまでとなり，かつその中でも民事再生手続の申請が多いことが確認できる。これ

表 2-11：倒産上場企業における会社更生法，民事再生法申請割合

期　間	会社更生法		民事再生法	
	件数	割合	件数	割合
1990 年 1 月～2000 年 3 月	25	46.3 %	──	──
2000 年 4 月～2016 年 12 月	33	18.3 %	124	68.9 %

出所：帝国データバンク「全国企業倒産集計」年報より筆者作成

は，民事再生手続では保有資産が「処分価額」で再評価されるため，残債の償還率が低くその結果企業を再建しやすいという利点があることが大きく影響しているものと思われる。つまり，法的整理の申請に踏み切れずにいた企業が民事再生法の施行と同時に一気に再生の申請を行った結果と思われる。

一方で，2009 年以降の上場企業の傾向としては，任意整理や民事再生手続から破産へ移行するケースが多く，2009 年 1 月から 2016 年 12 月までの間に再建型の倒産を申請した上場企業 48 社のうち，19 社が最終的には破産に至っている。わが国では JPX の「上場廃止基準」により 2 期連続して債務超過の場合には，上場を維持することができない。つまり，倒産した上場企業については，何年も長期にわたり債務超過が継続していることは考えられない。一方で，裁判所での再建が認められず破産に至るということは，全資産を時価評価してもほぼ残余財産がない（純資産がない）ことを意味する。企業がこのような状態に至るまで上場を維持している実態についても注視する必要がある。

6　民事再生法と企業再生

上場企業における民事再生手続の申請割合は増えているが，全国規模では民事再生手続を申し立てる企業は，2000 年以降ほとんど横ばいを続けており，資本金 3,000 万円以上の企業については民事再生法の申請をする企業は法的処理の 37 % に留まっている。

そもそも民事再生法は，「破産原因が生ずる前での再生手続申立及び手続開始を可能とした」もので（民事再生法 21），債権者集会の開催を任意とし（民事再生法 114），債務者（すなわち経営者）が引き続き業務執行及び財産の管理・処分を行うことを可能とする（民事再生法 38）など，事業を継続させつつ，かつ経営者が企業再生に専念できるように配慮した手続内容となっている。また会社更生法が株式会社にしか適用されないことに対して，民事再生法は外国法人を含む全法人を対象としており，いかなる法人においても法の下に再生の機会を与えようとする手続である。

表 2-12：上場企業再生期間

	中央値（月）	平均値（月）
民事再生法	29.9	30.0
会社更生法	17.7	18.5

　経営者は，破綻に至る前の早い段階で自らが企業再生に着手することができることから，まさに「倒産させない為の倒産処理」として利用されることを想定し施行された。民事再生手続では，破産を想定した場合の資産・負債の再評価（財産再評価）を行い，予想破産配当額を確定する。その際の資産評価は，原則として処分価額で行われ（民事再生規則79①）再生債権者には清算価値を基準とした配当がなされることとなる（清算価値保証原則―民事再生法174②四）。ただし民事再生企業は事業を継続することを原則とし当該企業を実際に清算するわけではないことから，残余財産からもたらされる収益は，再評価された清算価値を上回る可能性もあり，それだけ企業再生が迅速に進む仕組みとなっている。なお，わが国において再建型倒産処理である民事再生手続を申し立てた上場企業の再生期間は，中央値で29.9か月，平均値で30か月となった。これに対し，会社更生法の適用申請を行った企業の再建期間は，中央値で17.7か月，平均値では18.5か月であった（表2-12参照）。

　表2-12で確認できるとおり民事再生・会社更生の両群とも中央値と平均値に大きな相違がないことから，極端に外れた値の企業（再生期間が極端に短期間もしくは長期間の企業）は見られないことがわかる。つまり，上記の結果からだけ判断すれば，民事再生手続を申し立てる企業の方が，会社更生法の適用を申請する企業よりも再生期間ははるかに長く，民事再生企業では再生におおよそ30か月かかっていることがわかる。またかつては，会社更生法の適用申請においては，開始決定から認可まで平均で2年2か月を要していたが，今回の調査では，申立てから終結まで平均18か月と，会社更生法の認可，終結の期間が著しく短縮されていることがわかる。

　一方，米国において1980年から2016年の間に，わが国における民事再生手続と同様のDIP型倒産処理であるChapter 11を申請した上場企業をThe 2016 Bankruptcy Yearbook and Almanac (New Generation Research, Inc.) から抽出した所，倒産から再上場までの期間は1か月から最長で206か月であり，平均は17.4か月であった。つまり米国の場合は非常に短期間で企業再生・再上場を果たしている。

　なお，2014年～2016年の間に2回目のChapter 11を申請した企業は17社，3回目以上Chapter 11を申請した企業は，表2-13に示した3社である。社名は

表2-13：Chapter 11 複数回申請（再倒産）企業（2013年〜2016年申請分）

倒産回数	申請	企業名（裁判所が同一企業体として処理）	申請年
3回	33	Buffets, LLC	2016
	22	Buffets Restaurants Holdings, Inc.	2012
	11	Buffets Holdings, Inc.	2008
3回	33	Dex Media, Inc.	2016
	22	Dex One Corporation	2013
	11	R. H. Donnelley Corporation	2009
5回	55	Trump Entertainment Resorts, Inc.	2014
	44	Trump Entertainment Resorts, Inc.	2009
	33	Trump Hotels & Casino Resorts, Inc.	2004
	22	Trump Plaza Associates, LLC	1992
	11	Trump Taj Mahal Associates,	1991

出所：New Generation Research Inc., The 2016 Bankruptcy Yearbook and Almanac (The 26 Annual Edition) より筆者作成

異なっているが裁判所では同一の企業グループの申請として受け付けており、中には倒産と再上場を5回も繰り返している企業がある。このように米国においては、企業倒産は再出発への重要なプロセスと捉えられており、負債を減額できる倒産法（Chapter 11）が積極的に利用されている。

これに対しわが国では、再生計画の終結を裁判所から受けたとしても、それは再上場を意味するわけではない。わが国においてこれまで倒産した企業が再上場を果たしたケースは、山陽製鋼(株)、(株)吉野家ディー・アンド・シー（旧吉野家）、後に吉野家の連結子会社となった(株)京樽、マックスバリュー東海(株)（旧ヤオハンジャパン）、東京スター銀行（旧東京相和銀行）、(株)かわでん（旧川崎電気）、フェニックス電機、新生銀行（旧日本長期信用銀行）、(株)日本航空など、数えるほどしかない。また、これらのうち米国の Chapter 11 に相当する民事再生法を申請し、再上場を果たした企業は、2000年9月に倒産したジャスダック上場企業(株)かわでん（2004年11月再上場）1社である。

なお、再生の鍵は支援企業（もしくは支援金融機関、ファンド）が名乗り出るかどうかである。上場企業は非上場企業に比べ救済の手が差し伸べられる可能性が高いにもかかわらず終結率が39.2％という現実は、わが国における企業再生の難しさを

表 2-14：民事再生法提出日

月間の申請時期	件数	構成比
上旬（1日～10日）	765 件	27.9％
中旬（11日～20日）	674 件	24.5％
下旬（21日～30日）	1,307 件	47.6％
合計	2,746 件	100％

注：2000年4月～2005年2月の集計結果（申請日が把握できているもののみ）
出所：帝国デー場タンク特別企画『民事再生法の申請日の傾向兆歳』より筆者作成

物語っている。

　さらに，東京商工リサーチでは，2000年4月1日から2016年3月31日までに負債1,000万円以上を抱え民事再生法を申請した9,406件のうち，進捗が確認できた法人7,341社を調査し結果を公表している。報告によれば，「申請後に吸収合併や破産・特別清算などで消滅し，生存企業は29.1％（2,136社）に過ぎない」とされている。

　そこで，民事再生手続が月のうち何日に申請されたかを調査した。表2-14のとおりである。表2-14を見ても明らかなとおり，民事再生手続の申請は25日から30日に集中している。つまり月末の支払いに苦慮した結果同手続が申請されていることが推察される。このように民事再生法の利用は，企業を清算に追い込みたくないと願う経営者が，多額の債務を抱えて困難な経営を続けるよりは全ての債務を裁判所の管理下に置いて企業再生を試みようとする態度の表れともいえよう。

　なお民事再生手続を申請したものの取下げ，棄却された場合，また認可は受けたものの再生を断念した場合は，破産，清算の道をたどることとなる。ちなみに図2-14は近年の倒産処理割合を示したものである。倒産件数，倒産率は減少しているものの，破産の申請件数は2000年より増加していることが確認できる。これは，以前であれば清算に追い込まれる状況にある企業が，とりあえず民事再生法を申請することで一時的な延命措置をとった挙句，破産に追い込まれているケースが含まれているからと思われる。

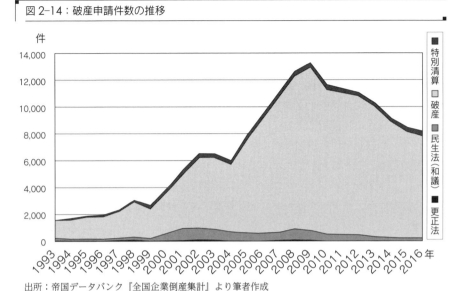

図2-14：破産申請件数の推移

出所：帝国データバンク『全国企業倒産集計』より筆者作成

第3節　倒産発生のメカニズム

　企業倒産発生の要因やそのメカニズムを解明することは非常に重要なことではあるが，倒産という事象はあえて「分析」したり深く「観察」するまでもなく，最終的には企業の資金が欠如すること（経済的破綻）によって発生するものに他ならない。ただし，この資金欠如に関わる情報は企業の提供するキャッシュ・フロー計算書から得られる資金の流れに関わる情報とは異なったものである。近年，キャッシュ・フロー計算書から企業の継続，非継続に係る有用な情報が得られるとする意見が聞かれるが，わが国においてこの理論は正しいとはいえない。なぜなら企業を倒産にまで至らしめる資金欠如は，当該企業が現金を生み出す能力が欠如することを意味し，実際に観察時点でどの程度の現金を保有しているかは問題とはならないからである。それよりも，資産の換金価値や信用力なども含む当該企業の現金創出能力が最も重要となる。

　例えば，キャッシュ・フロー計算書では受取手形は，現金・現金同等物としては扱われないこととなっている。したがって，受取手形を割引き換金した企業の方が，手形を割引かずに手元に保有する企業よりも最終キャッシュ・フローは良いこととなる。しかし，このような理論は実務感覚からはかい離しているものである。これは，キャッシュ・フロー計算書が開発された海外においては手形取引がないこ

と（支払側の貸借対照表の勘定科目にある Note Payable は，支払手形ではなく Bank Loan を意味する）から，そもそも受取手形が考慮外に置かれているからである。わが国のように取引の多くが手形で決済されている国においては，受取手形の現金創出能力を認識しないキャッシュ・フロー計算書を分析しても，企業の実態を把握することはできない。さらに諸外国，特に米国ではほとんどの不動産は Lease Hold（借地権）であることに加え子会社株式以外の投資有価証券を持つことはほとんどないことから，資産の再評価による「その他の包括利益」の認識による純資産への影響は小さく，当該企業が経済的破綻に陥っているかどうかは現金の動きさえ見ていれば把握できる。これに対してわが国では，土地や有価証券の再評価差額金の影響が大きく，よってキャッシュ・フロー以外の要素によって企業の財政状態が大きく変動することから，キャッシュ・フロー計算書による分析には限界が生じることとなる。

1　倒産のプロセス

　企業が経済的破綻に至るまでに，いくつかのプロセスを経ている。日本におけるリスクマネジメントの一人者である関西大学名誉教授の故亀井利明先生によれば，「アメリカでは，企業倒産の 99 ％が経営者の意思決定の失敗や経営管理の不適切という不良経営（bad management, poor management）に基づく。」としている。つまり企業が経営難に陥る際には，手形の不渡りや，支払不能といった事故が突然発生するのではなく，必ず事前に先行原因として企業の中になんらかの要因が内在しており，それらの管理，事前処理が適切になされないために当該企業は経済的破綻にまでに至ってしまうというのである。なお内在する要因とは，企業が最終的に倒産に至る直前に見せる経済的兆候（財務内容の悪化）ではなく，財務内容の悪化が表面化する以前から存在するものであって，企業の財務内容を悪化させる誘因になっているもののことである。企業を経済的破綻（資金欠如）にまで至らしめるプロセスを要因別に図 2-15 に示した。

　図 2-15 で明らかなとおり，企業の資金欠如の誘因となっているものには大きく分けて，外部要因と内部要因がある。外部要因は間接的に企業に資金欠如をもたらすものであり，内部要因は直接企業に資金欠如を発生させるものである。なお，外部要因の中には企業側では直接管理や，事前処理ができないものが含まれている。例えば金利変動や，地価変動などの経済的要因である。しかし，実はほとんどの外部要因についても，堅実な経営を行うことにより資金欠如にまで至らずに回避することができる。

　例えば，地価変動に踊らされたバブル経済誇張期に一切の土地投資を行わなかっ

図 2-15：倒産発生のメカニズム

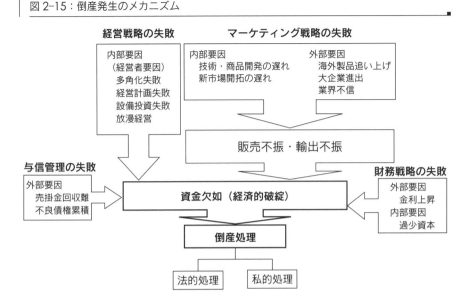

た優良上場企業などは，継続的に健全な経営を続けている。また，海外製品の追い上げや業界不振の中，同業者であっても堅実に経営を続ける企業があることや，常に消費者の嗜好を読みながら技術開発を怠らずに新市場を開拓する企業を見れば，外部要因である経済環境の変化は，企業倒産の必然性を担保するものではないことはわかる。つまり，同じ状況にあって，生き長らえる企業と，死に行く企業が発生する原因は，個々の企業の経営管理能力の問題に他ならないからといえよう。

なお，企業の倒産発生メカニズムが明らかとなっているのであれば，倒産の遠因となる外部要因や内部要因をパターン化すれば，倒産がより早い段階で予知できるのではなかとの意見が聞かれる。そのために，倒産した企業の事例を調査し，資金欠如に至るまでのパターンを類型化する研究も見られる。しかし，そのような研究における最大の欠陥は，同様のパターンを取りながらも資金欠如にまで至らない企業との比較分析がなされていない点である。実は，多くの企業を調査すると倒産企業とほぼ変わらない経営パターンを取りながらも生き長らえる企業が数多く存在する。したがって，融資判断などの場面において，企業を破綻に導くであろうと予想される遠因にばかり過度に注目すれば極端に保守的にならざるを得ず，結果的に融資判断を誤る場合も起こり得る。

しかし，倒産のメカニズムの中で，倒産する企業にのみ共通する点が1つだけ存在する。最終的には，どのような企業も，必ず資金欠如が原因で倒産に至るとい

う点である。つまり，経営戦略の失敗，マーケティング戦略の失敗，財務戦略の失敗，与信管理の失敗といった経営管理の失敗が100％倒産に結びつくと結論づけることはできないが，資金欠如に陥った企業は100％倒産に至るという点である。どのような失敗を繰り返しても資金が潤沢にある企業は倒産に至ることはないが，過少資本など資金がもともと枯渇している企業では，わずかな失敗が破綻に結びつくこととなる。したがって，資金欠如の発生を観察することが，最も合理的かつ客観的に倒産を予知できる手段といえる。

ただし，企業倒産には経済的破綻を伴わないものもある。経営者の死亡・病気，コア技術を支える技術者の退社といった人的リスクや災害の発生などによる場合である。このような経済的破綻を伴わない原因によって発生する倒産については，外部者による予知，予測は困難なものとなる。

2　制度会計上の利益計上と恣意的会計処理による粉飾

企業は，金融機関に企業の財政状態が良好であるようかのような外観を呈していないと，追加融資が受けられないなどの理由から粉飾を行うケースがある。ちなみに粉飾とは，売上を過大計上する，もしくは経費を過少に計上することにより利益を増加させる会計処理を指す。また，その逆に課税を逃れたいとの心理から売上を過少計上する，もしくは経費を過大計上することにより利益を圧縮する処理を逆粉飾と呼ぶ。

なお，「売上の過大計上」のみならず，利益の過大計上についても注視する必要がある。例えば，経営がひっ迫し借入先から債務免除を受けた場合には，免除額が一括で「特別利益」に計上される。これは経営者の恣意的会計数字の操作である「粉飾」ではなく，会計基準でそのような計上が決められているからである。つまり売上高には変化はないが，利益額だけが増額となる処理である。ただし，債務免除を受けた際の免除額がそのまま利益計上されたとしても，企業側には免除された額の金銭が入金される訳ではない。債務免除は，経営がひっ迫し負債を返済する能力がないと判断された際に取られる手段であり金銭的な授受は一切ないが，当期純利益を大幅に押し上げる効果を持っている。また，「債務免除益」による当期利益の増額分は課税対象となり，経営がひっ迫している中で企業にはさらに経済的負担を強いることとなる。

また，かつての会計処理では「負債の部」に計上され20年以内で規則的に償却されていた「負ののれん」は，2010年4月1日以後の企業結合等から「特別利益」に一括計上されることとなった。企業買収の際に，当該企業の純資産額よりも安価で買収した場合に，その差額を「負ののれん」としている。この「負ののれん」に

よる当期純利益の増額分についても,「債務免除益」同様課税対象となる。

つまり,これらの会計処理による利益の割り増し分を,「会計処理による数字上のこと」として株主が理解を示せばよいが,損益計算書の最終行の当期純利益のみに着目して配当の増額を求めてくる可能性もある。また,このような会計基準に沿った会計処理も,一見すると「粉飾」のような外観を呈していることも事実である。

さらには,企業会計原則において処理を強制されていない取引を倒産企業が財務諸表上に計上していなかったことを指して「粉飾していた」と語られることもある。資本関係の全くない元子会社や下請企業への多額の債務保証が倒産の引き金になる場合などの例からもわかるとおり,会計数値は企業の全ての側面を投影しきれないことを認識する必要がある。

また,倒産する企業が決算数値を必ず粉飾しているかのようなニュアンスで語られることがあるがこれも正しいとはいえない。特に売上の架空計上といった形での粉飾決算は,架空取引を成立させるための帳簿及び証憑上の操作が必要になることから,取引金額の多くが関連会社に対するものであることなど制約された条件を満たす場合のみに限られる。また企業は粉飾決算を行うことにより原資がないにもかかわらず配当を行う,また納税額が増えるなどの理由によりかえって資金繰りが悪化することとなる。したがって,中小企業や破綻直前の企業では粉飾を行うだけの体力が残されていない場合が多い(粉飾のメカニズムについては図 2-16 に示した)。

さらには,上場企業や大企業では会計監査人の監査を経ているはずであるから,悪質な監査人などがからむような特異なケースを除けば極端な粉飾が見られること

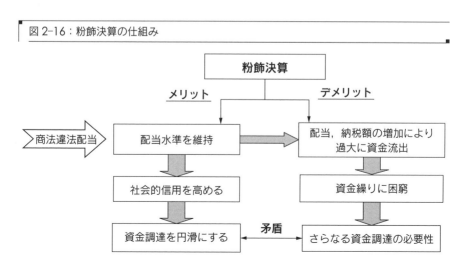

図 2-16:粉飾決算の仕組み

は少なく，利害関係者の意思決定を誤らせるような事態に至ることは数えるほどしかない。

3 法改正の企業倒産の影響

日本では，会社法（旧商法），税法そして企業会計原則がトライアングル体制にあるため，法律から独立した会計処理は認められない。なお，企業活動は様々な法改正の影響を直接受けることとなる。この影響は法人税改正にとどまらない。例えば，2017年6月公布の民法改正では，契約ルールに関する約200項目について新たな規定が成立した。債権関係の大改正は明治31年の民法制定以来120年ぶりの改正となる。改正内容には，企業間取引における債権・債務の「消滅時効」に関わる「債権の原則的な時効期間と起算点の見直し（民法（債権関係）の改正に関する要綱仮案第7-1～3)」が盛り込まれており，企業経営に大きな影響を与えると共に，中小企業の倒産が増加する可能性がある。今回の改正は，2020年4月1日から施行される。

わが国の企業間取引は，信用取引によって成り立ち，取引価格の多くは，取引条件によって決定されている。一般に消費者との直接販売では，商品を受領したかどうかの検収もさほど困難ではない。しかし商取引においては，検収確認がされない場合もあり，支払いが延滞することが頻発する。そもそもの支払条件は，各企業，各取引別に決められているが，故意，不作為により売掛金の支払いが停滞することを100％避けることは困難である。その際には，多くの企業では民法がこれまで規定していた「2年間」を盾に，代金回収を申し出ることが一般的であった。当然2年間も代金が回収できない場合には，売手企業は資金繰りに苦慮することは当然である。しかし，立場の弱い中小の下請企業や納入業者は，買手企業の言いなりにならざるを得ない。ちなみに，今回の民法改正により，この期間が2年から5年に延長された。回収期間の延長は値引きと同義である。なお，売手側が価格を改訂する，まして値上げすることはほぼ不可能である。しかも，「知った時から」という新たな改正案は，売手が把握している納品日（伝票などで確認可能）と，検収日に差が生じれば，回収期限は当然にさらに延長されることとなる。資金回収が法の下に延長されることは，弱者たる中小企業にとっては死活問題となり得る重大な事項である。改正の概要は表2-15のとおりである。

そこで，倒産企業の倒産直前期及び，継続企業の売掛金回転期間を比較した。図2-17のとおりである。ここで確認できるとおり，全ての年で倒産企業が継続企業より，売掛金回転期間が長期化している。年によっては，1か月程度の差が見られる年もある。つまり，倒産企業においては，一般企業よりも売上に対する代金回収

が遅れる傾向にあり，このことがより資金困難を生じさせ，企業が倒産に至る要因となったと思われる。これは，倒産企業における経営上の問題というよりは前述のとおり，取引先との力関係から生じるものである。図 2-17 で示したデータは，民放改正前の実態分析の結果であるから，今後改正民法が施行される 2020 年あたりからは，取引において強い力をもつ取引先から弱者たる下請企業や納入業者は，よ

表 2-15：民法改正内容：債券・債務の消滅時効

		起算点	時効	具体例
旧法	原則	権利を行使することができる時から	10 年	個人間の貸金債権など
	職業別	権利を行使することができる時から	2 年	弁護士，公証人の報酬，小売商人，卸売商人等の売掛金代金など
	商事	権利を行使することができる時から	5 年	商行為によって生じた債権
改正法	原則	知った時から	5 年	全ての取引について統一
		権利を行使することができる時から	10 年	

出所：民法（債権関係）の改正に関する要綱仮案第 7-1～3

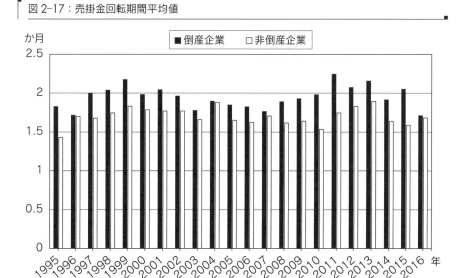

図 2-17：売掛金回転期間平均値

り厳しい支払条件を求められる可能性もあり，さらに資金難に追い込まれる可能性は否定できない。

第3章　企業情報の収集

第1節　企業情報の入手

　企業の置かれている状況は，様々な環境の変化に影響を受け日々変化していることから，企業の外部利害関係者は常に当該企業を観察し続けなければならない。企業を常に観察することで早い時点で当該企業が抱えるリスクを把握することができ，その結果事前にそれらのリスクをコントロールする手段を講じておくことが可能となるからである。そのためにはまず関係先企業について積極的に情報を集めることが必要となる。

1　財務データの入手

　企業が作成を義務づけられている財務諸表は会計基準と呼ばれる規範によって計算方法や開示方法が規定されている。もしこのような規範が存在しなければ，開示される内容や記述方法が企業によってまちまちなものとなり，分析はおろか企業間の比較もできないこととなるからである。

　各制度における財務諸表作成目的，作成義務者，提出先，作成書類の種類を表3-1にまとめた。ちなみに，各財務諸表の作成義務を負っている者の範囲が各制度により異なることは注意を要する点である。また作成根拠となる関係法規も異なっている。財務分析目的は，単に公表された財務数値を計算し結果を観察するのではなく，元となる財務数値が計上されるに至った根拠や，制度的背景を理解した上で当該企業の置かれている状況を財務数値から読み取ろうとするものである。したがって，常に各関係法規の原文を手元に置き参照しながら分析を進める必要がある。

　なお，会社法（平成17年法律第86号）の規定により，全ての株式会社に対して株主資本等変動計算書の作成を求めることとなったことから，それまで開示されてきた連結剰余金計算書及び利益処分計算書（又は損失処理計算書）は，2006年度より連結株主資本等変動計算書及び個別株主資本等変動計算書として開示されている（企業会計基準第6号，企業会計基準適用指針第9号（2005年12月））。

　ただし，会社法上では連結財務諸表は，あくまでも報告情報にすぎない。企業の分配可能限度額は，会社法の規定により個別財務諸表から求めることが要求されている。なお，上場企業では，連結財務諸表を用いて四半期決算数字が開示されるが，個別財務諸表は年一度開催される株主総会において決議を得なければ開示でき

表 3-1：制度上作成が義務づけられている財務諸表

	有価証券報告書	計算書類と付属明細書	確定申告書と添付書類
関係法規	証券取引法第 24，第 193 条の 2 及び「財規」第 1 条により規定 金融商品取引法第 4 条・5 条により規定 会社法第 444 条第 3 項	平成 18 年 5 月 1 日以降に決算期を迎える企業：会社法第 435 条第 2 項，法務省令計算規則第 91 条第 1 項により規定 平成 18 年 4 月までに決算期を迎える企業：商法第 281 条及び法務省令第 28 号・第 49 号により規定	法人税法（法第 74 条第 2 項及び施行規則第 35 条）により規定
作成目的	●投資家保護 ●ディスクロージャーの充実（情報提供機能）	●債権者保護 ●資本の維持・充実 ●分配可能額算定目的	●課税所得計算目的
作成義務	●上場企業 ●上場に準ずる有価証券を発行する企業 ●有価証券所有者数が政令で定める数以上の企業	●株式会社 ●IFRS，修正国際基準（平成 28 年 1 月より），米国会計基準に従って連結財務諸表を作成することもできる	●全ての法人
提出先	内閣総理大臣（財務省）証券取引所	株主総会	国税局，税務署
作成書類	1 連結貸借対照表 2 連結損益計算書 3 連結剰余金計算書 4 連結キャッシュフロー計算書 5 貸借対照表 6 損益計算書 7 キャッシュフロー計算書 8 株主資本等変動計算書 9 附属明細表	1 貸借対照表 2 損益計算書 3 株主資本等変動計算書 4 個別注記表	1 貸借対照表 2 損益計算書 3 損益金の処分表 4 勘定科目内訳明細書 5 資本積立金額の増減明細書

ないことから，期中において配当が約束されている企業であっても，その原資はあくまで個別財務諸表の元となる親会社の剰余金から配分される。また国際会計基準など異なった会計基準を導入している企業でも，会社法（商法），税法と会計がトライアングル体制で連関しているわが国においては，最終的には個別財務諸表で取り扱う会計処理（一般に日本基準と呼ぶ）に依拠した数字から分配可能額が算出される

こととなる。
　このように会社法による規定から，わが国の会計基準による会計処理から求められる財務数字は，国際会計基準による利益算定額と差異が生じることとなる。現在，わが国の会計基準が国際会計基準と同等であると認められるように，頻繁に会計基準の変更が行われている。一方で，国際会計基準においても，現在の基準が企業実態開示に十分対応ができているかについて検討が進んでいる。わが国の会計基準と処理方法が大きく異なる「のれんの減損処理」などがその一例である。2018年，国際会計基準では「のれんの減損処理」については，日本基準で採用されている「償却」手続へ変更することの検討を開始した。今後様々な会計処理が変更されることが予想される。よって，企業を分析する際には，このような制度変革，会計基準の変更に躊躇する場合が少なくない。開示内容については，過去の書類作成時における会計基準との差異に十分に配慮する必要がある。
　なお，上場企業及び大会社については，財務諸表はもとより企業の財政状態，経営成績に関する多くの情報が有価証券報告書によって開示されている。したがって外部利害関係者のみならず誰でもが，当該企業の詳細な財政状態，経営成績を把握することが可能である。これに対し非公開企業及び中小企業については，会社法によって公開（公告）を義務づけられている情報（会社法440①②③）は貸借対照表又はその要旨に限定されており，外部利害関係者が当該企業を分析する際には，大きな制約を受けることとなる。このことから，商取引などにおいては取引開始時のみならず，毎期取引先に対しては，決算書の提示を求める必要がある。

2　上場企業情報

　有価証券報告書は，その記載内容が内閣府令よって定められているため（昭和48年1月30日大蔵省令第5号・最終改正：平成30年4月1日号外内閣府令第54号），どのような企業においても同じ項目を開示することとなっている。ただし有価証券報告書の記載内容は，何度も改正されており，年代によって記述方式，内容が異なる場合があることを認識しておく必要がある。制度の変革に伴い会計処理の方法が変更となると，変更された内容に即して有価証券報告書への記載内容，記載手続も変更となるからである。
　例えば，わが国の企業は1999年4月以降開始する事業年度から連結財務諸表を主たる財務諸表として有価証券報告書を作成しており，関係会社の状況を報告書の第一部の第1に記載すると共に，事業の状況も企業集団全体に関わる内容を掲載することとなっている。一方1999年以前の有価証券報告書では個別財務諸表を主たる財務諸表としていたことから，関係会社の状況は有価証券報告書の巻末に置か

表 3-2：有価証券記載内容

第一部　企業情報
　第1　企業の概況
　　1　主要な経営指標等の推移
　　2　沿革
　　3　事業の内容
　　4　関係会社の状況
　　5　従業員の状況
　第2　事業の状況
　　1　経営方針，経営環境及び対処すべき課題
　　2　事業等のリスク
　　3　経営者による財政状態，経営成績及びキャッシュ・フローの状況の分析
　　4　経営上の重要な契約等
　　5　研究開発活動
　第3　設備の状況
　　1　設備投資等の概要
　　2　主要な設備の状況
　　3　設備の新設，除却等の計画
　第4　提出会社の状況
　　1　株式等の状況
　　(1)　株式の総数等
　　　①　株式の総数
　　　②　発行済株式
　　(2)　新株予約権等の状況
　　　①　ストックオプション制度の内容
　　　②　ライツプランの内容
　　　③　その他の新株予約権等の状況
　　(3)　行使価額修正条項付新株予約権付債券等の行使状況等
　　(4)　発行済株式総数，資本金等の推移
　　(5)　所有者別状況
　　(6)　大株主の状況
　　(7)　議決権の状況
　　　①　発行済株式
　　　②　自己株式等
　　(8)　役員・従業員株式所有制度の内容
　　2　自己株式の取得等の状況
　　　株式の種類等
　　(1)　株主総会決議による取得の状況
　　(2)　取締役会決議による取得の状況
　　(3)　株主総会決議又は取締役会決議に基づかないものの内容
　　(4)　取得自己株式取得の処理状況及び保有状況
　　3　配当政策
　　4　株価の推移
　　(1)　最近5年間の事業年度別最高・最低株価
　　(2)　最近6月間の月別最高・最低株価

5　役員の状況
　　　6　コーポレートガバナンスの状況
　　　(1)　コーポレート・ガバナンスの状況
　　　(2)　監査報酬の内容等
　　　　　①　監査公認会計士等に対する報酬の内容
　　　　　②　その他重要な報酬の内容
　　　　　③　監査公認会計士等の提出会社に対する非監査業務の内容
　　　　　④　監査報酬の決定方針
　　第5　経理の状況
　　　1　連結財務諸表等
　　　(1)　連結財務諸表
　　　　　①　連結貸借対照表
　　　　　②　連結損益計算書及び連結包括利益計算書
　　　　　　　連結損益計算書
　　　　　　　連結包括利益計算書
　　　　　③　連結株主資本等変動計算書
　　　　　④　連結キャッシュフロー計算
　　　　　　　注記事項
　　　　　　　セグメント情報
　　　　　　　関連情報
　　　　　　　報告セグメントごとの固定資産の減損損失に関する情報
　　　　　　　報告セグメントごとののれんの償却額及び未償却残高に関する情報
　　　　　　　報告セグメントごとの負ののれん発生益に関する情報
　　　　　　　関連当事者情報
　　　　　⑤　連結附属明細表
　　　　　　　社債明細表
　　　　　　　借入金等明細表
　　　　　　　資産除去債務明細表
　　　(2)　その他
　　　2　財務諸表等
　　　(1)　財務諸表
　　　　　①　貸借対照表
　　　　　②　損益計算書
　　　　　③　株主資本等変動計算書
　　　　　　　注記事項
　　　　　④　附属明細表
　　　　　　　有形固定資産等明細表
　　　　　　　引当金明細表
　　　(2)　主な資産及び負債の内容
　　　(3)　その他
　　第6　提出会社の株式事務の概要
　　第7　提出会社の参考情報
　　　1　提出会社の親会社等の情報
　　　2　その他の参考情報
第二部　提出会社の保証会社等の情報
監査報告書

表 3-3：各閲覧書類の公開閲覧期間

縦覧書類	公衆縦覧期間
有価証券届出書	受理した日から5年を経過する日まで（参照方式の届出書は1年）
発行登録書	受理した日から発行登録が効力を失うまでの期間
発行登録追補書類	同上
有価証券報告書	受理した日から5年を経過する日まで
有価証券報告書に係る確認書	受理した日から5年を経過する日まで
内部統制報告書	受理した日から5年を経過する日まで
四半期報告書	受理した日から3年を経過する日まで
半期報告書	受理した日から3年を経過する日まで
四半期報告書及び半期報告書に係る確認書	受理した日から3年を経過する日まで
臨時報告書	受理した日から1年を経過する日まで
親会社等状況報告書	受理した日から5年を経過する日まで
自己株券買付状況報告書	受理した日から1年を経過する日まで
公開買付届出書	受理した日から公開買付期間の末日の翌日以後5年を経過する日まで
公開買付撤回届出書	同上
公開買付報告書	同上
意見表明報告書	同上
対質問回答報告書	同上
大量保有報告書 （変更報告書を含む）	受理した日から5年間
上記書類の訂正届出書（報告書）	元となる書類の縦覧期間と同じ
利益関係書類	書類の写しを送付した日から起算して30日を経過した日から利益提供の請求権が消滅する日まで
安定操作届出書	受理した日から1月間
安定操作報告書	安定操作期間が終了した日の翌日から1月間
有価証券届出書	受理した日から5年を経過する日まで（参照方式の届出書は1年）
発行登録書	受理した日から発行登録が効力を失うまでの期間
発行登録追補書類	同上

出所：関東財務局『ディスクロージャー制度の概要』より抜粋
注：「有価証券届出書」から「大量保有報告書」までについては，EDINETによる縦覧。「安定操作関係書類」及び「利益関係書類」については，紙面による縦覧のみ

れ，事業の状況は個別企業の状況を基にして記載されていた。また2006年5月1日には会社法が施行されたことから，従来の資本の部は「純資産の部」として表示されることとなり（会計計算規則76），一部の勘定科目については記載場所が変更となった。よってそれまでの貸借対照表とは比較可能性が薄れていることには十分留意すべきである。

　近年の会計制度改革は目まぐるしく，各制度の導入前後では同様に「資産」「負債」「資本」と称しても，その構成内容が異なることとなり，単純な比較が困難となっている。現在の有価証券報告書における記載内容は概ね表3-2のとおりである。

　なお，上場会社には，証券取引法による規定のほかに，「適時開示制度」と呼ばれる証券取引所等の規則によっても有価証券報告書を始めとする株式発行や資本の減少などといった情報を開示する義務が課せられている。また，各上場証券取引所，財務省関東財務局証券閲覧室等における有価証券報告書の公開閲覧期間は提出日から5年間，半期報告書は3年間，臨時報告書は1年間と定められている。各種書類の閲覧期間について表3-3にまとめた。

3　非上場企業情報

　上場企業の場合は，非財務データについてもある程度は有価証券報告書に記載されており情報利用者はこれら定性情報についても入手することが可能である。なお，法務省令では中小企業であっても株式会社は「定時株主総会の承認後遅滞なく，貸借対照表又はその要旨を公告しなければならない」と定めている（会社法440①②③）。しかし公告を義務づけられている内容は財務データに限られ，中小企業のみならず非公開企業については非財務データについてはほとんど公開されないため，情報利用者は当該企業に関わる定性情報へのアクセス手段はない。ただし，近年では自社のホームページ上に広範な企業情報を開示している企業も多い。いずれにしても非上場企業については，非財務情報などの定性情報を公表する制度がなく，企業側が自主的に開示しない限り当該企業を評価，分析しようとする者がこれらの情報を入手する手段はないといえる。また，上場企業であっても有価証券報告書に記載される内容は時に限定的であり，企業評価や財務分析には十分ではない場合があることは留意する必要がある。

　そこで，非上場企業や中小企業の情報及び上場企業であっても有価証券報告書記載の内容では十分ではない場合には，情報利用者はどのような手段を用いたらよいのだろうか。このような企業の場合には，情報利用者は信用調査機関を利用することとなる。信用調査とは，信用調査専門の会社が，顧客の依頼によりその企業の経営内容を個別に調査し報告するものである。このような企業の個別信用調査は米国

では1840年頃から行われており、わが国においても120年以上の歴史がある。銀行が企業に融資を行う際や企業同士で取引を開始する際、また事務機器のリース契約を結ぶ際などにも、金融機関やリース会社は信用調査機関に借手や取引先企業の信用調査を依頼し、情報を収集している。さらに信用調査機関では顧客より個別に依頼された調査の結果をデータベースに蓄積し、情報サービスとして提供している。信用調査機関のデータベース内容には、財務に関する情報はもとより定款を含む法人登記内容や保有不動産の登記内容に関する情報も含まれることから、非上場企業の財務分析を行う場合だけでなく上場企業における保有資産の状況を把握する際等にも、これらのデータベースが活用される。

わが国の主要信用調査機関は、(株)帝国データバンク及び(株)東京商工リサーチの2社である。また、海外の企業情報については、ダンアンドブラッドストリートジャパン(株)(D&Bジャパン:D&Bは、1994年より東京商工リサーチとの業務提携を開始。それ以前は帝国データバンクと長い間提携関係にあった)から入手可能である。なお現金取引しか行わない企業や創業間もない企業の場合は、データベースに情報が蓄積されていない場合もある。ちなみに信用調査機関が提供する代表的な企業情報は表3-4のとおりである。

表3-4:信用調査機関 提供情報項目

項目	内容
企業概要	商号・所在地・設立・資本金・取引銀行・評点 他
登記・役員・大株主	株式数・役員・株主
従業員・設備概要	従業員数・採用計画・営業所・設備概要・保険 など
代表者	生年月日・現住所・出身地・出身校・経歴・人物像・後継者 他
系列・沿革	系列・関係会社・沿革
業績	売上高・利益・配当・申告所得 他
取引先	仕入先・外注先・支払方法・得意先・回収方法 他
銀行取引	取引銀行・取引内容・担保設定状況 他
資金現況・不良債権	収益性・回収状況・支払能力 他
現況と見通し	事業内容・業績の推移・最近の動向と見通し 他
決算書	貸借対照表・損益計算書もしくは推定資産負債状況又は貸借対照表の要旨
不動産登記	不動産登記

出所:(株)帝国データバンク広報部

第2節　財務情報の電子開示

1　適時開示と電子開示

　財務分析において最も重要なことは，分析のための財務データが必要な時にしかも容易に入手できる環境が整備されることである。わが国では，2001年6月1日から「証券取引法に基づく有価証券報告書等の開示書類に関する電子開示システム (EDINET＝Electronic Disclosure for Investors' NETwork)」が稼動している。これは，証券取引法により財務局に提出を義務づけられている有価証券届出書，有価証券報告書，公開買付届出書などの開示書類を電子化して公開することにより企業情報の開示にかかる提出企業側の事務負担を軽減し，また情報利用者へのアクセスを公平，迅速化することを目的としたものである。EDINETの導入により，①開示書類の提出者は，開示書類提出のために財務(支)局に出向く必要がなくなり，また開示書類の印刷費用が削減されるなど事務負担が軽減され，②投資家は，提出された全ての開示書類をインターネットを利用して閲覧することができるようになるなど，企業情報への迅速かつ公平なアクセスが実現した。ちなみに米国では日本よりはるかに早く1996年5月より証券取引委員会 (Security Exchange Commission, 以下SECと呼ぶ) によるEDGAR (＝Electric Data Gathering, Analysis and Retrieval) システムが起動している。米国では上場企業は10-K (年次報告書)，10-Q (四半期報告書)，8-K (臨時報告書)，20-F (外国企業年次報告書) さらに各種登録届出書などをオンラインで提出，開示することが義務づけられている。

　以下，EDINET及びEDGARにおいて有価証券報告書を入手する方法を例示する。

EDINET：
(1) http://disclosure.edinet-fsa.go.jp/ にアクセスする。
以下の画面が表示される。

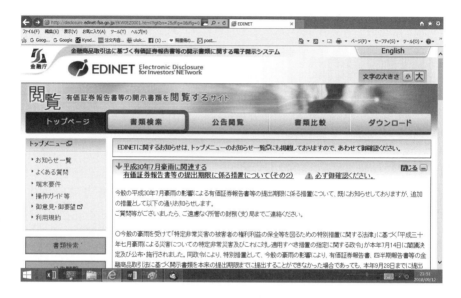

(2) 画面上の「書類検索」をクリックすると次の画面が現れる。

(3) 「提出者/発行者/ファンド」の項目に検索を希望する企業名を入れる。

(4) 書類の種別を選択し，画面下の「検索」をクリックする。
(5) 画面をスクロールすると，下の方に以下のような一覧表が表示される。

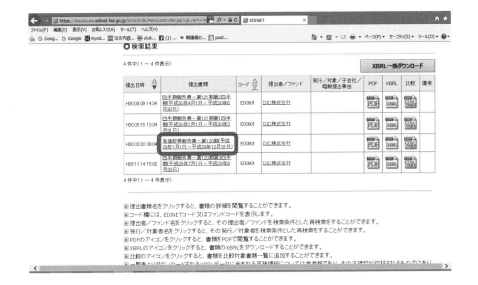

(6) 「有価証券報告書-第xx期（平成xx年x月1日-平成xx年xx月31日）」という部分をクリックすると，画面に有価証券報告書の本体が表示される。
(7) 有価証券報告書ページの左側に表示される各開示項目の目次をクリックすると当該ページが表示される。
(8) さらに，他の企業を閲覧する場合には，(3)の操作から繰り返すことで他社の有価証券報告書が閲覧可能となる。

EDGAR：

(1) https://www.sec.gov/edgar/searchedgar/companysearch.html にアクセスする。
以下画面が表示される。

(2) 「Company Name」の欄に検索したい企業名を入力し、「SEARCH」をクリックする。入力した企業名の含まれる開示情報の一覧が表示される。

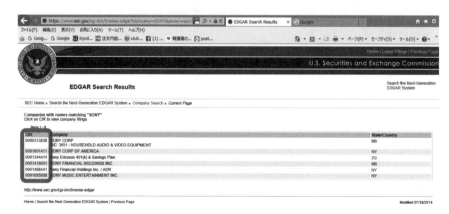

(3) 閲覧したい企業の「CIK」(番号) の部分をクリックする。以下のとおり開示書類が表示される。このうち，年次報告書 (20-F：米国企業の場合は 10-K) の「Documents」をクリックすると，開示情報が表示される。

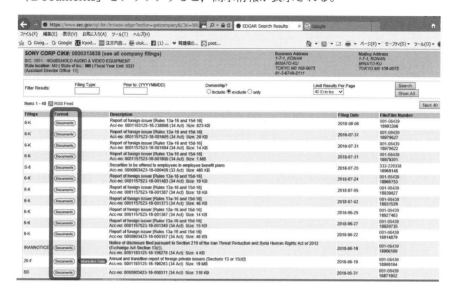

2 開示様式と財務分析

　かつて，ホームページ上で公開されていた有価証券報告書はHTML形式 (一部添付書類や組織図，製造工程図などはPDF形式) であった。HTMLでは使用できる文字は限定的であり，半角文字やユーザが作成した外字などは使用できず，人名・固有名詞・商標などについても例外は認められていなかった。また，HTML形式ではレイアウトにもかなりの制約があり，インターネット上に公開されたデータをそのまま分析ソフトや表計算ソフトにダウンロードすることができなかった。本来電子開示された財務データは，インターネット上で閲覧するだけでなく，情報利用者が手元の分析ソフトや表計算ソフトへ取り込んで分析などに利用することが想定される。直接データをダウンロードできないHTMLによる情報開示システムでは，情報利用者は表示されたデータを切取り，表計算ソフトなどに貼り付ける作業を強いられていた。

　そこで，エクセルなどに直接データを取り込むことができるXBRL (eXtensible Business Reporting Language) 形式による電子開示が各国で導入されている。XBRLは1998年4月に米国で提案され，1999年8月には早々と米国公認会計士協会 (American Institute of Certified Public Accountants，以下 AICPA と呼ぶ) が，同

言語による財務諸表の記述を推進することを決定。米国では2005年4月よりEDGARにおいて任意でのXBRL形式での財務情報の開示が開始されている。また，2005年秋から連邦預金保険公社 (Federal Deposit Insurance Corporation, 以下FDICと呼ぶ) においても金融機関からの提出書類をXBRL形式で受入れ始めている。さらにヨーロッパでは，国際財務報告基準 (International Financial Reporting Standards, 以下IFRSと呼ぶ) における財務報告様式にXBRLを採用する動きが活発化している。これを受けて国際会計基準委員会財団 (International Accounting Standards Committee Foundation, 以下IASCFと呼ぶ) では2006年からIASCFのホームページ上でXBRLに関する技術情報を積極的に開示し始めている。このような動向の中，ヨーロッパ各国の税務当局や中央銀行などにおいてもデータの受け渡しにXBRLが導入されるケースが増えてきた。ただし，EDGARを初め，定性情報も含む開示データをXBRLで全面開示している国はほとんどなく，情報利用者が開示データを多面的に利用するには未だ限界がある。

3　わが国におけるXBRLの取組み

　わが国では，国税の電子申告・電子納税等が可能となる国税電子申告・納税システム (e-Tax) の運用を2004年より開始している。国税電子申告・納税システムの規定帳簿以外の添付書類の送信にあたっては，形式としてXBRLを使用することになっている。前述のとおり，世界では情報のホームページ上での開示は進んだが，利用者の利便性に配慮した開示にはまだ十分ではない。このような中，わが国での電子申告におけるXBRL採用は，世界でもオーストラリア，イギリスに次ぐ早さであった。さらに，納税申告だけでなく，路線価など企業の資産評価の基礎となる指標についても，XBRLでのデータ共有可能性が検討され始めている。表3-5で確認できるとおり，わが国では，企業の保有する資産の平均15％近くが土地（簿価）で

表3-5：総資産及び固定資産に占める土地の割合：単位：％

資本金額	1,000万円以上～2,000万円未満	2,000万円以上～5,000万円未満	5,000万円以上～1億円未満	1億円以上～10億円未満	10億円以上
土地/固定資産割合	15.99	15.33	15.04	12.44	8.35
固定資産/総資産割合	47.19	44.68	43.75	43.64	61.71

出所：白田佳子「国際会計基準導入における資産評価問題」『會計』182巻10月号第4号，森山書店：509。

占められている。このことから，路線価が XBRL 化されることにより，企業は保有する資産の現在価値を容易に把握することが可能となり，より資産を有効活用する戦略に結びつけることができるようになる。

また，日本銀行はすでに，2006 年 2 月より銀行とのデータ授受に XBRL を本格導入している。このことからわが国の金融機関は，データ処理の全てにおいて XBRL の導入が求められている。なお，金融庁では，2008 年 4 月より EDINET に XBRL を導入し，企業には有価証券報告書の財務諸表部分について XBRL 形式での開示を強制している。前述の EDINET での開示様式では，情報利用者が，PDF 形式の他，XBRL でのデータのダウンロードが可能となっており，現在，有価証券報告書の注記部分（定性情報）についても，XBRL 化が検討されている。

第 3 節　非財務情報

1　株価情報

企業の分析方法として，株価を用いたモデルが金融工学の分野で広く用いられている。つまり株価の変化（市場行動）から企業の破綻兆候を読もうとするものである。しかし，これらのモデルは株価の変動及び株の収益性を検証に用いることから，株を市場に公開していない企業では利用することができない。また，株価が真に企業の財政状態を反映するものであるか（特に企業破綻兆候の分析に有用か）については，明確な解答が得られていない。投資者は企業の財務情報を何らかの形で利用し投資意思決定を行っているはずであるとの仮説を設け，決算発表数字と株価の変動との関係を分析する研究は米国においては古くから見られる。しかし，これらの研究は財務情報から株価の変動を予測するものであって，株価から企業の業績を予測するものではない。つまり株価が財務情報によって変動すると仮定しても，株価に対し財務情報は先行指標となっていることから，株価から企業の財務傾向を予測することとは困難といえる。

また，わが国においては倒産企業の倒産直前における株価よりもさらに低い株価をつける企業が常に多く存在する。これはわが国企業の株式の所有構造に起因するものと思われる。一般投資家が多く参加している市場の場合には，企業の業績や新製品開発などの情報に株価は敏感に反応する。しかし，株式の多くの部分が関係会社を含むグループ企業によって所有されている場合や，創業家など特定の個人による所有割合が相応に高い企業，さらにはメインバンクによる大量保有などの企業の場合には，当該企業の財政状態と株価は連動しにくいといえる。近年「企業価値」という言葉が一般的に使われるようになったが，わが国ではいまだ株主が議決権行

使を確実に行い株主総会において適切に発言，指摘を行う，場合によっては株主代表訴訟も厭わないという状況からは程遠いのが現状である。ちなみに，わが国では個人投資家の議決権行使割合は決して高いとはいえない。上場企業の30％が同じ日に株主総会を開催するという，明らかな株主排除の構図にすら大きな声で反対意見が唱えられていないのが現状である。

そこで，わが国の倒産が戦後最大を記録した1985年プラザアコードの年からリーマンショック以降の2013年までの間のわが国における株価（日経平均株価）の推移をそのほかの経済指標の傾向と比較した。

図3-1で確認できるとおり，株価は第2章で示した企業の倒産傾向とは全く連動していないことが確認できる。円高が進行し倒産が増加した1985年に株価は下落し，その後バブル経済を迎え1989年12月に611,151,873百万円まで上昇している。いわゆるバブル経済誇張期である。なお，この時期の金利を観察すると8％以上あったが，バブル経済が崩壊した後1999年～2000年頃には，金利はほぼゼロ％まで低下している。一方，同期間の株価の変動を観察すると，ある程度の幅で高低を繰り返しており，金利には全く連動していないことが確認できる。一般に長期金利が下落すると株価が上昇すると言われているが，そのような実態は確認できない。社会では，バブル経済崩壊以降2000年頃までは，「失われた20年」と言われた。しかし株価を観察すると，2007年6月には574,655,139百万円まで上昇して

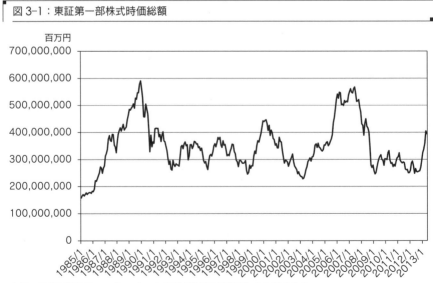

図3-1：東証第一部株式時価総額

出所：日本取引所グループマーケット情報「市場時価総額」より筆者作成

図3-2：法人企業景気予測調査

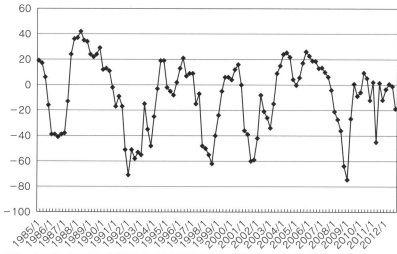

出所：内閣府，財務総合政策研究所『法人企業景気予測調査』より筆者作成

おり，さらに，リーマンショック以降も株価は，すぐに回復を見せていた。

このように株価を長期観察すると，株価は必ずしも経済環境や企業倒産発生状況とは連絡していないことが確認できる。一方で，株価と大変類似した動きを見せる指標として挙げられるのは，SBI（Business Survey Index＝法人企業景気予測調査）である。法人企業景気予測調査は，経済の現状及び今後の見通しに関する基礎資料を得ることを目的として，資本金1,000万円以上の約1万6,000社を抽出して，財務（支）局や財務事務所などを通じて年4回実施されている統計調査である。図3-2で確認できるとおり，株価よりSBIの方が若干先行して変動しているが，その動きは株価と非常に高い相関関係を確認することができる。つまりわが国の株価の変動は，実際の経済環境（実数）と相関するのではなく，経営者の「景況判断」に影響を受けているといえる。経営者が，景況が悪化と判断すれば保守的な経営を採り，結果配当を抑制し留保を蓄積することとなる。一方，投資家はリターンへの期待が満たされない為，株式投資から他へ資金を移動させる。そのことから，株価が低迷するのである。ちなみに，このように企業が配当を制限し留保を蓄積させる行動は，より企業の財政状態を安定させ倒産発生が少なくなることに結びついているといえよう。

2　会計監査と企業情報

　近年会計監査の信頼性を揺るがす事件が多発しているが，株主を含む企業の利害関係者は，当該企業が財務諸表を作成する手順を直接チェックすることができないわけであるから，財務分析を行う上では分析対象企業が第三者による会計監査を受けていることは重要な要素となる。

　法定監査のうち証券取引法監査は，証券取引所に上場されている企業や日本証券業協会に登録された店頭売買有価証券の発行会社，また証券取引所等へ株式公開を申請しようとする企業が対象となる。また，会社法監査では資本金5億円以上又は負債総額200億円以上の株式会社が対象とされている（会社法2⑥）。なお，金融商品取引法監査（金融商品取引法193の2）と会社法監査（会社法436②一）の対象企業の多くは重複しているが，わが国で法定監査を受けている企業は5,800社程度と考えられ，わが国の法人数が380万社超であることを考えれば，法定監査対象の企業はほんの一部にすぎないことがわかる。

　なお，法定監査を受けていたとしても，開示されている情報が全て同一のレベルに精査されているとはいえない。現在わが国では，会計不祥事の防止策として，監査法人を定期的に交代させる「ローテーション制度」が導入されている。大手企業の不正会計が後を絶たず，企業と監査法人とのなれ合いを断ち，厳格な監査を促すことを狙いとしている。また，企業の相次ぐ不祥事で，公認会計士の職業倫理に関する規則が2019年4月から厳格化されることが予定されており，会計士は監査を請負う企業で違法行為を発見した場合，監督官庁などへの通報が義務化される。ただ，会計士側のローテーション制や職業倫理に関する規則ができても，企業側の会計倫理が向上しないと絵に描いた餅になりかねない。

　ちなみに，財務諸表上に偽りの記載があるのに公認会計士が適正意見を表明してしまう危険のことを「監査における危険」と呼んでいる。図3-3で示したとおり監

図3-3：監査上の危険

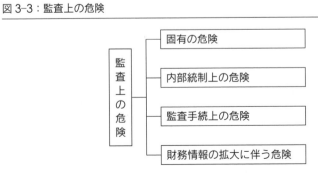

査における危険には，監査する項目や監査人自体に不正や誤りを発生させる要因がある「固有の危険」，監査を受ける企業の内部チェック機能が働かない「内部統制上の危険」，監査人が重要な情報を見落としてしまう「監査手続上の危険」があるといわれている。それらに加え，企業間取引や経済環境が複雑化する中，会計制度や監査制度の変革のスピードに実務がついていけない場合に，実際の企業実態と提出された財務諸表とにはかい離が起こり得る。なお，監査はあくまで制度会計の下に適正意見を表明するものであるから，常に同じ基準をもとに適正意見が付されているわけではないことは，注意を要する。

また，法定監査の対象外企業は，作成する財務諸表について一切会計監査を受けていないのかといえばそうではない。法定監査の対象外でありながら独立した公認会計士による任意監査を受けている企業も存在する。また会社法では公開会社については，3名以上の監査役の設置を義務づけており，非公開会社についても取締役会を設置する会社では，原則として監査役を1名以上設置することとなっている。さらには，監査役会設置会社には監査役を3人以上置くことが必要であり，うち半数以上が社外監査役でなければならないとされている（会社法335③）。また，会社法では取締役と共同して財務諸表を作成し，株主総会において計算書類の説明を行う会計参与を設置することができるとしている。無論これら監査役や会計参与は企業内部者であって法定監査を行う独立した監査人とは立場が異なる。ただし会計参与については，税理士法で定められた税理士及び公認会計士のみがその任に当たることができることから，会計参与が設置されている企業については，作成された財務諸表の信頼性は高まっていると判断される。

しかし一方で公認会計士による監査報酬が高く，企業ではその負担額が決して少なくないため，法定監査の対象外企業の場合には，独立した会計監査人に監査を依頼するケースは限られている。表3-6は日本公認会計士協会が公表する上場企業の監査報酬である。

上場企業では，平均で6,000万円以上，最大では50億円以上の監査報酬を支払っている。このことから当然に利益が少ない企業では（取引数が多く売上高が相応にあっても）会計士への監査は，経営を圧迫することとなる。また昨今国際会計基準であるIFRSへの移行を検討する企業が増えているが，移行にかかる費用は相当の額に上るといわれており，IFRS移行倒産が発生しないとも限らないともいわれている。

なお前述のとおり，非上場の中小企業にとっては会計監査人による監査の経済的負担が少なくないため，専門知識のない経営者が自ら会計処理を行ない身内が監査証明に捺印をしているケースも少なくない。そのため，必ずしも経営者の意図しな

表 3-6：わが国上場企業監査報酬の概要

項　目	2015年度	2016年度
企業数（社）	3,611	3,650
平均（百万円）	62	63
最大（百万円）	4,824	5,072

出所：日本公認会計士協会『上場企業監査人・監査報酬実態調査報告書』2018：4。
注：東芝を除く

いところで誤った会計処理がなされ，財務数値が企業の実態とかけ離れてしまっている場合もあり得る。そのような状況に鑑み，非上場企業では財務諸表が独立した公認会計士による監査を受けていないことを指して，財務数値の信頼性が乏しいとの指摘がなされる場合がある。よってそのような未監査の財務数値を用いて企業を評価し，倒産モデル（格付けモデル）を構築することには限界がある，という指摘である。ただし，もし我々が信用調査機関などを通じて入手する非上場企業の財務数値が独立した公認会計士による監査を受けておらず，故に企業の実態との間に相応の歪みが生じているとしても，全ての非上場企業について同様の歪みが生じていると仮定すれば，企業間の数字の比較可能性は高まるはずであるとの意見もある。誰でもが入手可能なデータで財務内容の悪化した企業の示す傾向を把握することができれば，分析するデータ全てに歪みが生じていてもその歪みは吸収されるからである。

第4章　財務分析における基礎知識

　わが国のみならず，諸海外においても財務比率を用いた倒産予知モデルの開発や，それらのモデルを利用した企業評価の研究は60年以上にもわたって盛んに行われている。また，格付機関の歴史は古く，最も歴史の長いムーディーズは1909年に設立されている。ちなみに，現在では，各格付機関や金融機関も独自に倒産予知モデルや企業評価モデルを構築し，業務に活用している。ただしそれらのモデル構築に際して，高度なファイナンス理論を駆使しながらも，反面モデルに利用する個々の財務比率の会計理論上の問題点や，企業財務に対する経済環境の変化による影響などの分析については，御座なりにされているケースが散見される。

　利用者側もともすれば難しい数理モデルが並んでいれば，さも科学的かつ判別力が高いモデルであるかのように誤解をする向きがある。しかし，どのように高度な理論を用いたとしても企業の破綻兆候を映し出す適切な指標（財務比率）を観察しなければ，正しい結果を導き出すことはできない。言い換えれば企業の財政状態や経営成績を安定的かつ適切に投影する財務比率のみを観察すれば，高度な数学を用いたりしなくても高い判別力で企業の破綻兆候や良好な経営状態を読み取ることができるのである。

　そこで本章では，膨大な倒産企業と継続企業の財務データを比較することで，これまで常識的に使用されてきた財務比率の特性を分析し，問題点を明らかにする。特に財務比率への経済環境による影響や会計理論との整合性などを分析した上で，企業の財政状態や経営成績を安定かつ的確に評価することができる財務比率を明らかにする。また伝統的な財務分析において多用されている財務比率が，企業の評価分析に真に有用であるかについても明らかにする。なお，分析対象とした財務比率一覧は巻末の付録に掲載した。

第1節　財務比率と経済環境

　企業の財務分析を行う際に「同業種平均値との比較」を行うことが，さも一般的であるかのように語られる。これはなぜだろうか。また同業種における普遍の「平均値」は存在するのだろうか。平均値は変動しないのだろうか。例えば，製造業であれば『「売上高経常利益」は，○％が望ましい』などといった議論は意味があるのだろうか。表4-1に示した損益計算書を用いて例示する。

表 4-1：損益計算の構造

期間損益を表すことから自，至，と記載される
区　　分

区分	説明
Ⅰ　売上高 Ⅱ　売上原価 　　　　売上総利益 Ⅲ　販売費及び一般管理費 　　　　営業利益	経済環境の変化に直接影響を受けない
Ⅳ　営業外収益 　1　受取利息 　2　受取配当金 　3　持分法による投資利益 　4　為替差益 　5　雑収益 Ⅴ　営業外費用 　1　支払利息 　2　たな卸資産評価・廃棄損 　3　貸倒引当金繰入額 　4　雑損失 　　　　経常利益	本業に関わる費用であり金利・為替の変動や経済環境の変化に影響を受ける項目が含まれている
Ⅵ　特別利益 　1　有形固定資産売却益 　2　投資有価証券売却益 　3　事業譲渡益 　4　その他 Ⅶ　特別損失 　1　有形固定資産売却廃棄損 　2　減損損失 　3　投資有価証券評価損 　4　関係会社整理・評価損 　5　構造改善費用 　6　退職給付制度改定損失 　7　在外子会社退職給付引当損 　8　その他 　　税引前当期純利益又は税引前当期純損失（△） 　　法人税，住民税 　　及び事業税 　　法人税等調整額 　　法人税等合計 　　　　当期純利益又は当期純損失（△）	経営者の意思決定により臨時的に発生する費用であり地価の変動や，証券市場に影響を受ける項目が含まれている

売上高に変化のない企業があった場合，経済環境の変化によって「売上高経常利益率」はどのように変化するだろうか。なお，ここでの議論では売上高の増減といった影響は考慮外とし，あくまで売上高に変化がないことを前提とした場合の議論である。経済環境の変化は，概ね株価の変動，金利の変動，為替レートの変動，地価の変動，また卸売物価指数の変動，などといった指標で確認することができる。

なお，経常利益は，以下の式によって求められる。

$$\text{経常利益} = \text{I 売上高} - \text{II 売上原価} - \text{III 販売費及び一般管理費} + \text{IV 営業外収益} - \text{V 営業外費用}$$

経常利益を構成する項目のうち，「営業外収益」及び「営業外費用」に含まれている「受取利息」及び「支払利息」は金利変動に直接影響を受ける項目である。また，金利変動が企業財務へ及ぼす影響は業種にかかわらず均一であるから営業利益率に一切変動がないと仮定すれば，低金利時代と，高金利時代とではいかなる業種においても売上高経常利益率には差異が生じることとなる。また，当期純利益は以下の式によって求めることができる。

$$\text{当期純利益} = \text{経常利益} + \text{VI 特別利益} - \text{VII 特別損失}$$

当期純利益は経常利益をとおして計算されることから，特別利益，特別損失に一切の変動がないと仮定すれば，金利変動による影響は当期純利益にまで及ぶこととなる。このように，損益計算書の数字を用いた財務比率は金利変動などの経済環境の変化による影響を受けやすく，よって財務分析に際し対象企業の財務比率を他社の財務比率と比較する際には，同じ年代の財務比率と比較することを忘れてはならない。年代の異なる数値の比較は情報利用者の意思決定を誤らせることとなる可能性が高く，注意が必要である。なお，業種間の差異は売上総利益率に顕著に現れるものであるから，異業種企業間の比較に際しては，売上総利益率の差異を考慮に入れて，営業利益，経常利益，当期純利益を比較する必要がある。

そこで，経済環境が大きく変化したバブル経済崩壊以降の企業の財務比率の変動を時系列に観察することとした。これにより経済環境の変化に敏感な財務比率を明らかにできるものと思われる。なお，財務比率の時系列の観察に際しては，以下の手順に従った。

① 年ごとに，倒産した企業と，同時期に継続していた企業を大量に集めた。全て非上場企業である。

サンプル数は，倒産企業で各年101件から285件，継続企業は約10万社の中

から抽出した150件から588件である。継続企業について，年によって件数にばらつきがあるのは，毎年同じ企業が選ばれないように配慮した結果である。なお，選ばれた企業の平均資本金規模は，倒産企業で2億3千万円，継続企業で4億4千万円であり，弱小企業は含まれていない。また，倒産企業については倒産直前期のものを利用している。結果，分析に使用した企業数は，倒産企業は3,953社，継続企業は8,014社である。

② ①で集めた企業の財務数値から，付録で示した財務比率を求めた。
③ 観察したい財務比率について倒産企業グループの全企業の値を高い方から低い方へ順番に並べる。全件数の真中にある企業の財務比率を抜き出す。これは「中央値」と呼ばれ，倒産企業群の代表値とされる。この作業は年代別に行う。
④ 次に，倒産企業グループの財務比率を全て合算し，企業数で割る。これにより「平均値」を求めることができる。これも年代別に行う。
⑤ ③及び④の作業を，継続している企業のグループに対しても行う。
⑥ この作業は年代別に行われているため，年代別の倒産企業群の「中央値」と「平均値」，継続企業群の「中央値」と「平均値」を求めることができる。さらに各年代別の値を，折れ線グラフで結び，変化の傾向を観察した。

この手続では，各年がおのおの大量なデータによって構成され，かつその値を構成する企業も異なっていることから，各年における倒産する企業と，継続企業の財務比率の代表的傾向を観察することができるようになる。あくまで，毎年同じ企業の財務比率を用いてグラフ化しているのではないことは注意を要する。つまり，このように中央値及び平均値を使うことにより，個別企業の傾向ではなく，「倒産する」企業群の一般傾向とはどのようなもので，その傾向が年代によってどのように変化しているのかを観察することができるようになるのである。

1　経済環境の変化に影響を受ける財務比率

経済環境の変化によって変動する財務比率があった場合，情報利用者は比率の年代による変動傾向が，経済環境の変動による影響か，もしくは企業の財務内容自体の変化によるものかを切り分けて分析することは困難である。したがって，このような財務比率は企業の評価分析には不向きといえよう。では，どのような比率が経済環境の変化に敏感に反応するのであろうか。様々な角度から経済指標と財務比率の変化について調査した結果，企業財務に最も大きな影響を与えるものは金利水準の変動であることが明らかとなった。また，金利水準の変動に直接影響を受けて変化する財務比率は多数存在するが，その中でも特に「利子料」「手形売却損」や「受

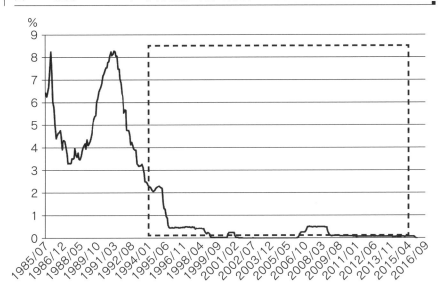

図 4-1：短期コールレート（日本銀行金融経済統計より筆者作成）

取利息」といった勘定科目や，営業外収益，営業外費用を用いる比率などにその影響が顕著である。したがって，先にも述べたとおり同じ業務を同じ水準で営んでいる企業であっても金利水準が変化すれば経常利益率には変化が生じることとなる。そこでまず，バブル経済前の 1985 年から 2016 年までの金利水準の変化を短期コールレートから観察した。コールレート翌日物の金利はその時々の金融政策の方向性を敏感に反映する指標とされている。結果は図 4-1 のとおりである。

　バブル経済崩壊直後の 1992 年の短期コールレートは 5.5 ％ほどであったが，1995 年から 1 ％を下回る水準となり 1999 年以降はほぼゼロ金利が続いている。翌日物コールレートは短期の預貯金金利の先行指標とされ，この金利が上昇すると若干遅れて 1 か月，3 か月，1 年といった短期の預貯金金利が上昇していくのが普通である。そこで金利変化の最も激しい 1995 年から 2016 年の間（図 4-1 の破線枠内）について，金利指標が組み込まれた財務比率である，「投融資効率」と「有利子負債平均金利負担率」の時系列推移を観察した。図 4-2 及び図 4-3 のとおりである。

　「投融資効率」と「有利子負債平均金利負担率」は，明らかに金利水準と連動していることがわかる。しかもその影響は倒産する企業にも継続企業にも同様に及ぶはずであることから，これら金利変動に影響を受ける比率を用いて時系列に企業評価を試みても，その変化が金利変動によるものか，企業の財務内容が悪化したことに

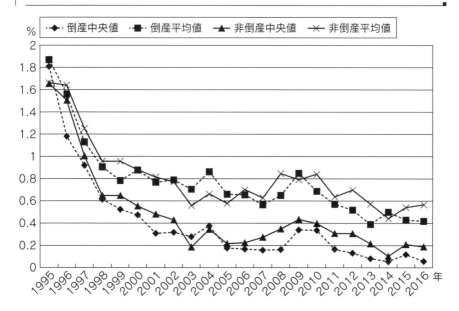

図 4-2：投融資効率推移

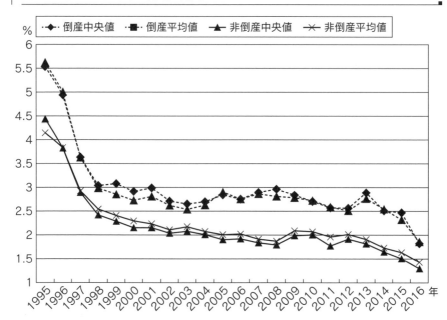

図 4-3：有利子負債平均金利負担率推移

よるものかを切り分けて分析することは困難であろう。また，より細かく観察すると，「投融資効率」は期間をとおし倒産企業群と継続企業群の中央値，平均値のいずれもが重なっていることがわかる。倒産企業群の中央値と継続企業群の中央値が重なり，倒産企業群の平均値と継続企業群の平均値が重なっている。つまり，「投融資効率」を観察し，「高いから倒産の可能性がない」といった判断ができない比率であることがわかる。このことから，本比率の推移によって企業の財政状態を評価しようとすれば誤認される可能性は高く，この比率を単独で用いて企業を分析することは避けるべきであろう。

さらに，やはり金利に係る比率として「インタレスト・カバレジ・レシオ」を観察することとした。図4-4のとおりである。「インタレスト・カバレジ・レシオ」は企業評価に有用な比率として，金融機関などでも広く用いられている比率である。

「インタレスト・カバレジ・レシオ」は，「投融資効率」や「有利子負債平均金利負担率」と比較すると明らかに異なった推移をみせ，また金利変動とは連動していないことがわかる。また，「インタレスト・カバレジ・レシオ」にはいくつかの特徴があることがわかる。まず，継続企業群においては中央値に対して平均値がかなり高くなっている。つまり，継続企業では極端に高い値を示す企業があることがわか

図4-4：インタレスト・カバレジ・レシオの推移

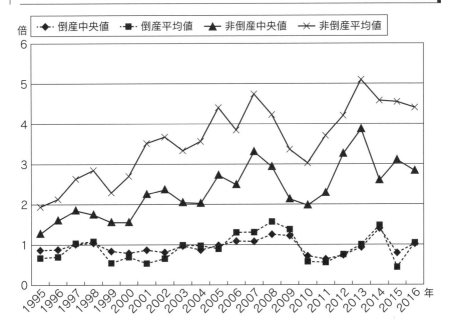

る。一方，倒産企業群においては中央値と平均値がほぼ重なっており 1995 年から 2016 年の間，若干のデータの上下はみられるが，ほぼ同じ値で推移していることが確認できる。このことから，「インタレスト・カバレジ・レシオ」については，3％以上の値をつける企業は安全性が高く，倒産に至る可能性は低いと結論づけることができる。

さらに，金利水準の変動が影響を与えると思われる比率である「売上高営業外収益率」と，「売上高金利負担率」の同期間における推移を観察した。図 4-5 及び図 4-6 である。両比率は，支払利息に係る比率でありながら，金利変動からの影響を大きく受けていない。ただし「売上高営業外収益率」は，倒産企業群と継続企業群の中央値，平均値がほぼ重なっており，倒産企業群及び継続企業群においてほとんど差のない値となって現れる比率であることがわかる。つまり企業の財政状態が良好か，悪化傾向かを分析する際にこの比率を観察しても，何ら有用な情報を得られないといえる。これに対し，「売上高金利負担率」は，倒産企業群と継続企業群の中央値，及び平均値に明らかな差が見られる。ただし，この比率は倒産企業群，継続企業群のいずれにおいても中央値に対して平均値が高い方にあることから，継続企業の中に倒産企業なみに高い値（悪い値）をつける企業が存在することを示してお

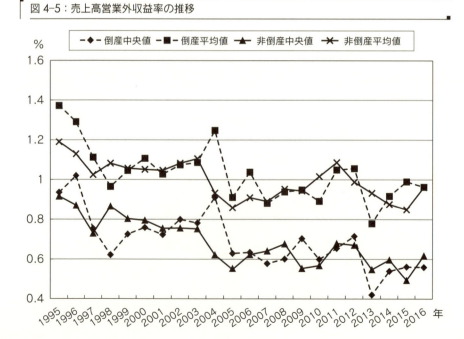

図 4-5：売上高営業外収益率の推移

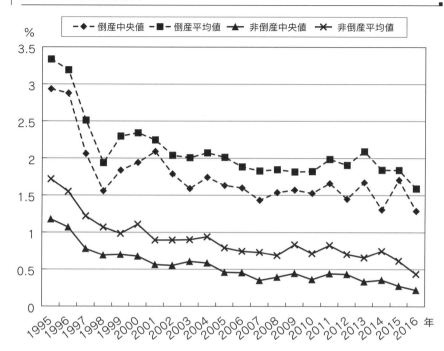

図 4-6：売上高金利負担率

り，個別企業の分析に用いる際には注意が必要である。

さらに金利水準に影響を受けると思われる「総資本利子・税込利益率」についても観察した。図 4-7 のとおりである。この比率についても若干金利変動に影響を受けていることが見て取れる。特に倒産企業への影響が大きいことが確認できる。この比率は金利が高い時代には，倒産企業群と継続企業群において値が非常に近似していたことが確認できる。また 2010 年から 2016 年にかけては倒産企業と継続企業の値が離れる傾向にあるが，リーマンショック直前の 2008 年は両群の値がかなり近似している。このように経済環境の変化により，2 群が近似したりかい離したりする指標は，倒産判別のみならず一般の財務分析にも適しているとは言い難い。

このように，一般的に企業分析に利用されている財務比率の中には，経済環境の変化に敏感に反応する比率が多く含まれている。特にここで取り上げた「投融資効率」「有利子負債平均金利負担率」「売上高営業外収益率」「総資本利子・税込利益率」については，分析対象企業の財政状態や経営成績を誤認させる可能性が高いことから，単体での利用は避けることが望ましい。

そこでこれらの結果から特に注意を要する比率を表 4-2 にまとめた。

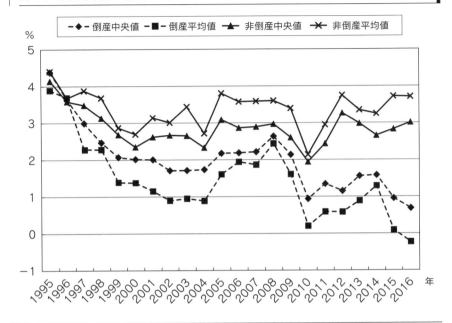

図 4-7：総資本利子・税込利益率

表 4-2：経済環境の変化に敏感な財務比率

比率名	経済環境の変化	利用時の注意
投融資効率	影響大	時系列比較不可 倒産判別不可
有利子負債平均金利負担率	影響大	時系列比較不可 倒産判別可
インタレスト・カバレジ・レシオ	影響なし	時系列比較可 倒産判別可
売上高金利負担率	影響若干あり	時系列比較要注意 倒産判別可
売上高営業外費用率	影響あり	時系列比較要注意 倒産判別不可
総資本利子・税込利益率	影響あり	

2　経済環境の変化に影響を受けない財務比率

　時代や経済環境の変化に大きな影響を受けない財務比率を発見することが，安定的な企業分析を可能ならしめる。そこで，経済環境の変化にかかわらず一定の値を

見せる財務比率を抽出することとした。

図4-1で示した「短期コールレート」の変動を観察するとわかるとおり1995年から2000年の間は，バブル経済崩壊期から続けて経済環境は厳しさを増し，最終的には金利が0％にまで下落している。この影響を受けて，多くの経済指標が軒並み下落している。このような時代においても「総資本回転期間」，「流動資産回転期間」，「売上債権回転期間」，「一人当たり販管費」，「流動比率」，「固定長期適合率」などの比率は，倒産企業群，継続企業群のいずれにおいても，ほぼどの年も同水準の値で推移し，大きな変化を見せていなかった。これらの比率の時系列推移は図4-8から図4-13のとおりである。

詳細に観察すると，これらの財務比率は経済環境の変化に影響を受けずバブル経済崩壊以降，金利が0％となる時代にも，ほぼ平坦に推移している。また，注目すべき点は，これらのいずれの比率も倒産企業群と継続企業群との値に大きな差が見られないという点である。いずれの比率も，各年の倒産企業群と継続企業群の中央値，平均値が近似している，もしくは重なっており，この傾向は2016年まで続いていることが確認できる。「総資本回転期間」や「流動資産回転期間」については，継続企業群の平均値が倒産企業群の中央値により近い値となっていることから，倒産企業並の値をもつ継続企業が存在することを意味し，分析者を惑わしやすい比率

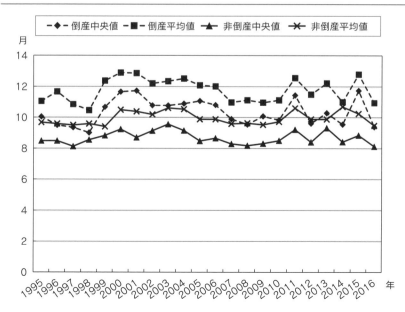

図4-8：総資本回転期間

図 4-9：流動資産回転期間

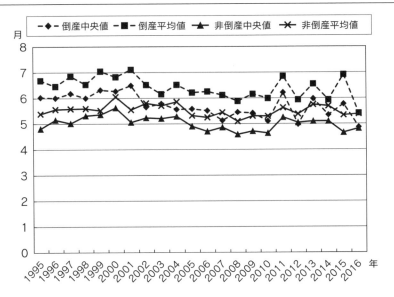

図 4-10：売上債権回転期間

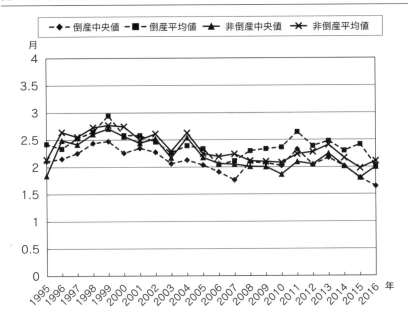

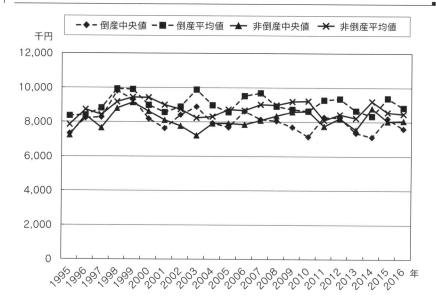

図4-11:一人当たり販管費

であることがわかる。

　さらに注目すべき点は，このようにバブル経済崩壊以降もほぼ平坦に推移していながら，倒産企業群と継続企業群との値に大きな差が見られない比率の中に，財務分析において筆頭に挙げられる比率である「流動比率（図4-12）」や「固定長期適合率（図4-13）」が含まれている点である。これらの比率は企業の資金流動性や安全性を測る比率として，実務の現場において広く一般的に利用されている比率である。また，財務分析に関する書籍においても，企業の評価分析には欠かせない比率として取り上げられている。しかしここでの分析結果により，「流動比率」や「固定長期適合率」は経済環境の変化に影響を受けることはほとんどないが，倒産直前の企業が継続企業とほぼ変わらない値をつけることが明らかとなった。しかもその値は，上記のいくつかの比率と比較しても倒産企業群と継続企業群の値が非常に近く，したがってこれらの比率の分析結果を通して企業の財政状態や安全性の評価を行ったり，倒産可能性を分析することは不可能といえる。これまで財務分析の常識において妄信的に語られてきた「流動比率は高い方が安全性は高い」もしくは「固定長期適合率は低い方が安全性が保たれている」という理論は，何ら企業実態に裏付けされたものではなく，理論上の根拠のみに基づいたものであったことがわかる。

　そこで，「流動比率」と「固定長期適合率」について，さらに詳細に観察してみる

図 4-12：流動比率

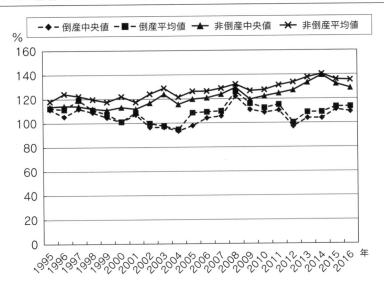

図 4-13：固定長期適合率

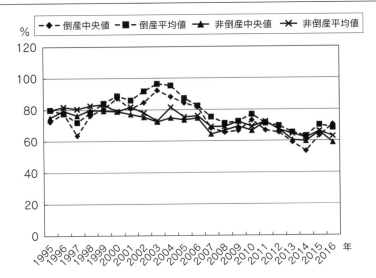

第4章 財務分析における基礎知識

こととする。図 4-12 及び図 4-13 である。「流動比率」では 2000 年頃までは，倒産する企業も，継続している企業も中央値及び平均値が 110％あたりを示していた。近年，倒産企業群と継続企業群との差にかい離が見られるが，リーマンショック直前の 2008 年頃は，倒産企業群と継続企業群の値が重なっている。また，「固定長期適合率」では倒産する企業も，継続企業も中央値及び平均値がほとんどの年で重なっている。このことから，2 社を比較した場合に，これらの比率から，値が高いから安全性が高い，倒産可能性が低いとの結論を出すことはできない。

そこで，両比率について，倒産企業と継続企業の全サンプルの分布を確認できる図（箱ひげ図）を用意した。図 4-14 及び図 4-15 である。

図の見方は，サンプル企業のほとんどが①の範囲に入り，さらにそのうちのほとんどの企業は②の範囲に入っていることを意味している。これまでグラフで確認してきた中央値は白い線で描かれた③である。また平均値は X で示された点である。これらの情報を基に「流動比率」の値を確認すると，倒産企業群，継続企業群共，ほとんどの企業は 220％以下に分布していることがわかる。また，中心にある箱の位置を比較すれば，継続企業群の方が若干上に分布しているが，極端な差はみられない。倒産企業群，継続企業群の多くの企業は 80％から 140％あたりの間に分布していることが確認できる。さらに，両群の中央値には大きな差が見られない。つまり 120％をつける企業があった場合，倒産企業群（左側）に含まれる企業か，継続企業群（右側）に含まれる企業かを判断することは不可能である。

さらに，同様に「固定長期適合率」の値を観察してみた。一般に「固定長期適合率」は 100％以下が望ましい，といわれている。しかし，実際の企業を大量に分析すると，倒産に至る企業も，また継続している企業も中心にある箱の位置を比べる

箱ひげ図の見方

81

図 4-14：流動比率　箱ひげ図

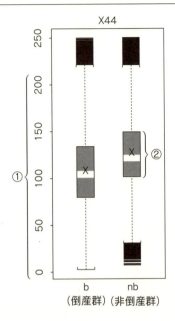

図 4-15：固定長期適合率　箱ひげ図

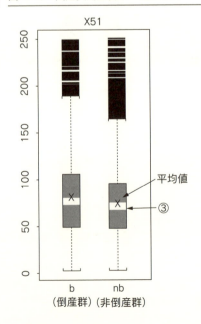

と，重なっており100％以下に分布していることが確認できる。したがって，「固定長期適合率」80％の企業があった場合，この企業が倒産企業群（左側），非倒産企業群（右側）のどちらに含まれているかを判断することはできないことを意味している。

続いて，企業を評価する比率として近年注目されているキャッシュ・フローをベースとした比率について観察した。キャッシュ・フローをベースとした比率は経済環境の変化にどのように影響を受けるのだろうか。1999年4月1日以降開始する事業年度（2000年3月期決算）に係るものから，わが国においても連結ベースのキャッシュ・フロー計算書の作成が義務づけられた。これは，貸借対照表や損益計算書上の数値は実際の現金の出入りとかい離しているためそれらの財務諸表からは現実の資金の動きは把握できないこと，また現金の流れを把握するための書類としてそれまで用いられてきた資金収支表をより外国人投資家にも利用しやすいようグローバルスタンダードな様式に改める必要があることから，欧米において採用されているキャッシュ・フロー計算書の様式を採用したものである。したがって，キャッシュ・フロー計算書を観察することにより企業の資金の流れを把握することができるため，財政状態についてもこれまで以上により的確に把握できると考えられている。

そこで，キャッシュ・フロー計算書による企業の財政状態の評価能力（倒産予知能力）を検証するため，倒産企業群と継続企業群におけるキャッシュ・フロー比率の分布を観察することとした。なお，わが国のように手形による信用取引が一般的な国と，ほぼ現金決済のみの欧米では，キャッシュ・フロー計算書上に現れる兆候にはおのずと差が生じていると考えられる。キャッシュ・フロー計算書上では手形の現金創出能力は認められていないことから，資金力があり手形を割引かずに手元に保有している企業の方が，資金繰りがひっ迫し受取手形を全て割引いている企業よりも最終キャッシュ・フローが悪くなるという現象は現実感とかい離している。そこで，キャッシュ・フローに関する比率として「営業キャッシュ・フロー比率」，「キャッシュ・フロー経常収支比率」，「キャッシュ・フロー・マージン」，「キャッシュ・フロー版当座比率」「キャッシュ・フロー比率」のそれぞれについて，間接法を用いて各指標を求め，倒産企業群と継続企業群の分布を箱ひげ図で確認した。結果は図4-16から図4-20のとおりである。

注目すべき点は，キャッシュ・フローに関わる全ての比率において倒産企業群，継続企業群の中央値，平均値が近似しており，倒産，非倒産の傾向を特定できない点である。つまり経営がひっ迫し倒産に至るような企業においては，倒産直前には手持ち資金を増やそうとする傾向にあることから，固定資産の売却等による現金の

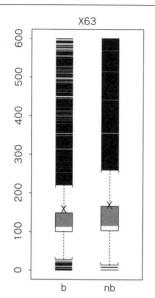
図 4-16：営業キャッシュ・フロー比率分布　箱ひげ図

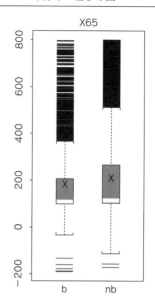
図 4-17：キャッシュ・フロー経常収支比率分布　箱ひげ図

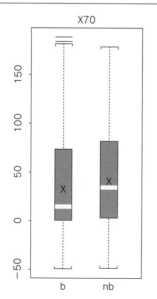
図 4-18：キャッシュ・フロー・マージン分布　箱ひげ図

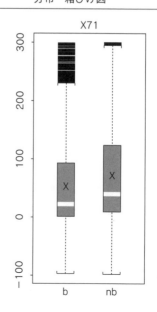
図 4-19：キャッシュ・フロー版当座比率分布　箱ひげ図

第4章 財務分析における基礎知識

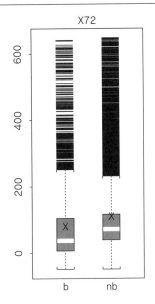

図4-20：キャッシュ・フロー比率分布　箱ひげ図

増加，買入債務に対する支払延長などが重なり「固定長期適合率の低下」「流動資産の上昇」とともに，キャッシュ・フロー関連比率は良好な値をみせ，継続企業と変わらない（もしくはそれ以上の）レベルとなることを示している。言い換えれば，キャッシュ・フロー関連比率は企業の資金流動性を明らかにすることはできるが，資金流動性が高まっている時期が必ずしも企業の財政状態が安定的な状態にあるとはいえないのである。このことから，キャッシュ・フローに関わる指標から企業の倒産可能性を予知することは困難であることを示している。

このように財務比率が理論と一致しない値を見せるのは，財務分析があくまで企業の一時点における数値のみを対象としていることと大きく関係している。日々企業の財務数値を正確に把握できる立場にあれば，破綻に至る日に近づくにつれキャッシュ・フローの値も悪化していくはずであるが，外部利害関係者が入手できる情報（数値）は実際に企業が破綻に至る日まである程度のインターバルがあるのが普通である。したがって，長期的に見れば「破綻の直前」といえる財務数値も実は破綻へ向かいつつある「足掻きの時代」の財務数値である可能性は高く，ともすれば分析者を惑わせるような良好な値を見せることは十分に考え得る。このことから，外部者が行う企業の財務分析では，破綻直前に企業の状況が「良好」と見紛うような値を示す可能性のある財務比率を用いることには危険が伴う。破綻に直面し

表 4-3：経済環境の変化には影響を受けないが利用に際し注意を要する財務比率

比率名	経済環境の変化	利用時の注意
総資本回転期間	影響なし	同一企業の時系列比較可 倒産判別不可
流動資産回転期間		
売上債権回転期間		
一人当たり販管費		
流動比率		
固定長期適合率		
営業キャッシュ・フロー比率		
キャッシュ・フロー経常収支比率		
CF版インタレスト・カバレジ・レシオ		同一企業の時系列比較要注意 倒産判別不可
借入金返済能力		
キャッシュ・フロー・マージン		
キャッシュ・フロー版当座比率		

た経営者の資金流動性を高めたいと思う心理が直接反映されるキャッシュ・フロー関連の比率は，評価者を誤導する可能性が高いのである。

そこで経済環境の変化に影響は受けないが，判断を誤る可能性が高く財務分析に用いる際には注意すべき比率をまとめた。表4-3のとおりである。

第2節　倒産企業の財務傾向

財務分析では，「高い方が好ましい」「低い方が好ましい」といった，各比率の値について分析対象企業を評価するための指針となる理論がある。しかし，これまでの財務比率を時系列に観察し経済環境による影響を分析する過程において，すでにいくつかの財務比率については，一般に長く信じられてきた理論とは整合しない傾向を見せ，企業の財務分析，特に倒産分析には無力であることが明らかとなっている。なお，ここでいう「理論と整合しない」とは，明確に「高い」又は「低い」といった格差が倒産企業群と継続企業群において生じない比率も含まれている。

そこで，改めて分析対象とした全財務比率について，倒産企業群と継続企業群における分布の傾向（どちらの群の値の方が高いか）について実際の企業のデータをとおして観察することとした。もしこの傾向が，これまでの財務分析において常識の

如く用いられてきた理論と合致するものであれば問題はないが，実際の企業が示す比率が理論と逆の傾向を示しているとしたら，実務の世界においてこれまでも多くの誤った判断が下されていたこととなる。これまで実際に倒産に至った企業の財務数値を大量に用いて財務内容が悪化している企業の財務比率の傾向を調査したデータはなく，理論と実際の企業の数値との整合性については確認されていなかった。

なお，「流動比率」は，高い方が資金流動性が高いと判断されることや，「固定長期適合率」は低い方が資金配分に無理がなく安全性が高いといった理論は否定されるものではない。しかし2社を比較し「流動比率」が高く，「固定長期適合率」が低い企業の方が，倒産可能性が低いとは結論づけられない。つまり理論は正しいが，実際の企業は理論どおりの傾向を示さないことをデータは物語っているのである。

1 理論に不整合な財務比率

一部の財務比率が理論と整合しない傾向を示したり，また倒産企業群と継続企業群との間に顕著な差が見られない現象は，企業の倒産直前期に突然発生するかのように思われがちだが，倒産に至った企業を長期に観察すると，倒産数年前からこのような傾向が継続的に見られる場合がほとんどである。特に，固定資産の売却や人員削減などは，段階を経て行われるケースが多く，これらに影響される財務比率がまるで当該企業の財務内容が改善されたかのような概観を呈する傾向は，倒産前長期にわたる場合が多いことも確認されている。

つまり，財務比率の全てが直線を描いて悪化，良好といった変化を見せるのではなく，財務比率の中には図4-21で示したようにカーブを描いて変化するものが多

図4-21：財務比率の変化（Uカーブ型）

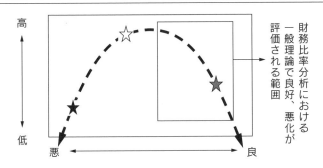

低いほど安全性が高いといわれている固定長期適合率のような比率の例

値：　　　★＜★＜☆
安全性：　★＜☆＜★

数存在することを認識する必要がある。低いほど良い傾向にあるとされ，企業の財務内容が悪化するにつれて上昇する比率があっても，ある時点を境に企業の財政状態がより悪化すると共に上昇が再度下降に転じるような比率では，同じ値を示しても，その値が悪化傾向にある値であるか，良好傾向にある値であるかを評価者は判断することが困難となる。したがって，このような傾向を示す比率は判断が難しく，極力分析対象からは除外することが望ましい。そこで，1995年から2016年（倒産企業では2017年倒産企業の直前期）までの21年間の企業の財務データから倒産企業群と継続企業群の分布を確認することにより，理論と整合しない分布を示す比率を列挙した。表4-4は，各比率の倒産企業群及び継続企業群における中央値及び分布傾向を箱ひげ図により出力したものである。

これらの比率は中央値で比較すると両群の分布（中央値）の差はほとんどないか，倒産企業群の方が，理論上「良好な財務傾向」を示している。また，数字上は分布が理論と逆転しているとはいえないが，両群の分布（中央値）がいつの時代も近似値を示し分析者を惑わす流動比率（図4-12）や固定長期適合率（図4-13）といった比率も含まれている。ただし，両群に差がないということはたまたま本書で扱ったデータが特異であったに過ぎないとの疑問も抱かれる。ところが，売上債権の回収期間や固定長期適合率，流動比率などについては，いくつかの専門家の分析によっても実際の企業の傾向は理論と逆転していることが指摘されている。

1962年から1971年までの間にわが国において倒産した製造業15社と，同業種の非倒産企業15社とを比較した滋賀大学の戸田俊彦教授は，「売掛金回収率は，倒産企業の方が良好であった」[1]と述べ，1964年から1984年7月までにわが国において倒産した上場企業29社を時系列に分析した千葉商科大学の太田三郎教授も，倒産直前企業は売上債権回転率が上昇することを指摘している。特に，太田三郎教授は，「売上債権回転率の上昇は，理論的に説明が難しい。経営不振であれば，売上債権の回収は困難であろうから，同比率は上昇しないで低下するであろう」[2]と述べている。しかし，戸田俊彦教授の研究においても同様の指摘がなされていること，本書における分析においても同様の結果がもたらされていることから，この結果が単なる偶然であるとは考えにくい。

このように，財務数値を用いた実証分析を行っているいくつかの研究においても，理論と整合しない傾向を示す財務比率の存在が指摘されている事実がある。また，注目すべきは，各研究において理論と整合しない傾向を示したと指摘された比

---

[1] 戸田俊彦『企業倒産の予防戦略』同文館，1984年，168頁。
[2] 太田三郎『企業倒産の研究』同文館，1996年，284頁。

第 4 章　財務分析における基礎知識

表 4-4：理論と整合しない分布を示した財務比率

買掛金回転期間（月）			流動資産回転期間（月）		
倒産企業群 (b)	継続企業群 (nb)	理論上良好傾向	倒産企業群 (b)	継続企業群 (nb)	理論上良好傾向
0.76034	0.79054	低	6.40547	5.52297	高

X17

X30

売上債権回転期間（割引後・譲渡後）（月）			割引手形譲渡手形回転期間（月）		
倒産企業群 (b)	継続企業群 (nb)	理論上良好傾向	倒産企業群 (b)	継続企業群 (nb)	理論上良好傾向
2.35177	2.40348	低	0.39971	0.742876	低

X32

X35

労働装備率（千円）			資本回転期間（月）		
倒産企業群 (b)	継続企業群 (nb)	理論上良好傾向	倒産企業群 (b)	継続企業群 (nb)	理論上良好傾向
9,618.3065	9,018.2545	高	0.98735	2.56509	短

率の多くに重複が見られることである。このことからこれらの比率が示す理論と整合しない傾向は，単なる偶然ではなく財務健全性が損なわれている企業（倒産可能性の高い企業）が示す一般的傾向である可能性が高い。したがって，企業の財務状態によって「高→低→高」を繰り返すタイプの財務比率は，意思決定の判断の指針として利用すべきではない。

2　財務比率の年代による分布変化

　箱ひげ図による倒産企業群と継続企業群の分布（どちらの方が高い傾向を示しているか）は，1995 年から 2016 年の 21 年間にわたるデータを総合して比較したものである。つまり 21 年分を合算して求めた中央値と平均値を倒産企業群と継続企業群とで比較したものである。したがって 21 年分を合算した場合には理論に整合していた（もしくは理論に整合していない）としても，単年で観察した場合に，どの年も同一の分布を示していることを保証しているわけではない。そこで，各比率における年代別の分布状況を確認した。もし，長期にわたるデータを合算した場合には理論に整合した分布を示していたとしても，単年度で観察した場合に一度でも分布に逆転現象が起こっていれば，そのような比率を用いた財務分析は情報利用者に誤った判断をもたらすこととなる。

第 4 章　財務分析における基礎知識

　21 年の間に一度でも分布に逆転が生じた比率を抜き出したところ表 4-5 のとおりであった。表 4-5 で示した値は，継続企業群の中央値から倒産企業群の中央値の差を求めたものである。もし全ての財務比率が常に一定の分布（倒産企業群と継続企業群において，どちらの群の方が値の高くなることが固定している）であれば，継続企業群の中央値と倒産企業群の中央値の差は常に正又は負に統一されるはずである。しかし，表 4-5 で示した比率は，年によって倒産企業群と継続企業群の分布が逆転することから，中央値の差に正と負の値が混在している。ちなみに，マイナス（▲）は倒産企業群の値が高いことを示している。

　これらの結課からわかるとおり，この 21 年間だけでも 25 もの財務比率において理論との逆転現象が起こっている。無論これらの比率には「流動比率」や「固定長期適合率」も含まれている。そこで表 4-4 で示した 21 年間の総計で分布が理論と逆転していた財務比率と，表 4-5 で示した 21 年間に一度でも分布が理論と逆転していた比率を比較すると，重複していないものがある。21 年間のうち数年逆転現象が見られても，その凹凸が相殺されれば総計による分布の逆転現象は見られないこととなる。しかし，注目すべきは総計で逆転現象が見られながら年代別表には現れていない「流動資産回転期間」や「割引手形譲渡手形回転期間」，「資本回転期間」である。これらの比率が表 4-5 に現れていない理由は，これらの比率は 21 年間の全ての年において理論と逆転していたからである。しかも，これらの比率に関しては表 4-4 で確認する限り両群の差が大きいことから，いつの時代も極端な逆分布を見せる比率であることがわかる。

　さらに年代別の逆転比率を詳細に観察すると「キャッシュ・フロー・マージン」や「固定長期適合率」「有形固定資産増加速度」のように，ある年を境に分布が逆転する比率と，倒産企業群の中央値が継続企業群の中央値よりも高くなったり低くなったりと，不安定に分布の逆転を繰り返す傾向を持つ比率があることがわかる。

　これらのことから，表 4-4 及び表 4-5 に掲載された比率を用いて財務分析を行っても，高い方が良好傾向であるか，低い方が良好傾向であるかを，情報利用者は判断することができない。したがって，これらの比率による分析は，誤った意思決定を誘発する可能性が高く極力使用すべきではない。ともすれば財務分析では，多くの比率を算出しそれらの傾向の一貫性を観察すれば分析対象企業の評価が可能となるように錯覚する向きがある。しかし，ここで挙げた比率のように理論と逆転する可能性が高い比率を含めれば，それらの比率は本来の企業の状態とは逆の結果を見せ，またその傾向が多数の比率に及べば，分析者は当該企業の状態を誤って解釈することとなりかねない。したがって，個々の財務比率の特性を充分に理解した上で，分析に利用する必要がある。

表 4-5：年別倒産企業群と継続企業群の中央値の差（継続企業中央値－倒産企業中央値）

年	経常利益増加率	総資本利子・税込利益率	買掛金回転期間	売上高営業費用率	売上高営業外収益率	総資産運転資本率
1995	11.9406	▲0.2366	0.0901	0.1807	▲0.0201	1.5315
1996	▲4.1928	▲0.0607	0.0557	0.4272	▲0.1491	2.8960
1997	▲1.5056	0.4911	▲0.0138	▲0.1992	▲0.0244	▲0.3636
1998	0.6119	0.6632	▲0.0688	▲0.2837	0.2443	1.5452
1999	8.2704	0.6102	0.1347	▲0.2186	0.0779	3.2817
2000	7.3609	0.1023	0.0733	▲0.0102	0.0912	4.6475
2001	14.1537	0.5795	0.1093	▲0.2150	0.0163	3.3450
2002	28.9717	0.9547	0.0081	▲0.5439	▲0.0507	10.0041
2003	▲15.8265	0.9431	▲0.0467	▲0.4141	▲0.0251	12.9565
2004	0.3274	0.5977	0.0257	▲0.3435	▲0.2880	10.7260
2005	43.5045	0.9009	▲0.0010	▲0.4077	▲0.0768	10.4900
2006	4.6103	0.6737	0.0813	▲0.6737	▲0.0115	5.8043
2007	11.4792	0.6798	0.1491	▲0.3739	0.0632	5.2708
2008	4.0965	0.3338	0.1348	▲0.1838	0.0756	3.7411
2009	8.1413	0.4621	0.0122	0.2736	▲0.1505	5.1423
2010	▲3.8034	1.0093	0.0894	0.0357	▲0.0310	7.0566
2011	23.4541	1.0915	▲0.0440	▲0.9161	0.0247	3.9630
2012	8.9857	2.1186	▲0.0215	▲1.1827	▲0.0447	9.5813
2013	▲4.1656	1.4245	0.0270	▲0.6651	0.1281	9.0040
2014	▲14.1819	1.0755	0.0680	▲0.5418	0.0568	7.5405
2015	38.4627	1.8759	▲0.2288	▲0.7501	▲0.0685	8.5984
2016	40.0250	2.3285	0.0765	▲1.1299	0.0578	10.1161

年	投融資効率	固定資産回転期間	有形固定資産回転期間	売上債権回転期間（割引前・譲渡前）	受取手形回転期間（割引前・譲渡前）	労働装備率
1995	▲0.1535	0.2731	0.1460	▲1.1336	▲0.6419	▲815.7951
1996	0.3251	▲0.3158	▲0.2471	▲0.0848	0.4479	458.5514
1997	0.0838	0.0351	0.1608	▲1.1808	▲0.9367	▲920.5642
1998	0.0350	▲0.0173	0.2098	▲0.4454	▲0.2158	1,612.4730
1999	0.1256	▲0.0709	▲0.0179	▲0.5830	▲0.0266	1,376.8253
2000	0.0786	▲0.9320	▲0.7501	0.4470	1.0676	▲1,935.5784
2001	0.1725	▲0.7852	▲0.7193	▲0.7128	▲0.4702	▲1,412.5247
2002	0.1117	▲0.8732	▲0.5639	0.0155	0.1600	▲12.8928
2003	▲0.0927	▲0.4682	▲0.2963	▲0.2887	0.2076	▲3,298.1261
2004	▲0.0317	▲0.6322	0.2894	0.5321	0.6082	338.2571
2005	0.0410	▲1.0599	▲0.6771	▲0.3558	0.1695	▲685.2730
2006	0.0565	▲0.5653	0.0070	0.0985	0.2764	445.2223
2007	0.1158	▲0.4834	▲0.1647	0.1236	0.3171	1,664.6104

年						
2008	0.1889	▲0.2728	▲0.1265	▲0.2468	0.1871	638.1244
2009	0.0943	▲0.3369	▲0.2192	▲0.5921	▲0.0722	642.5525
2010	0.0612	▲0.2903	▲0.0244	▲0.4341	0.0062	736.5186
2011	0.1430	▲0.4157	0.3356	▲0.7222	0.0178	820.9395
2012	0.1744	▲0.4105	▲0.1108	0.0589	0.1053	▲1,474.3522
2013	0.1357	▲0.3785	▲0.1685	0.0643	0.1655	▲999.5714
2014	0.0492	0.2808	0.1294	▲0.0055	0.0563	993.6849
2015	0.0893	▲0.8860	▲0.4817	▲0.0894	▲0.0042	371.5180
2016	0.1324	▲0.9282	▲0.7805	▲0.1433	0.0785	588.0573

年	一人当たり売上高	一人当たり売上総利益	一人当たり販管費	固定長期適合率	有形固定資産増加速度	営業CF比率
1995	▲6,021.5788	▲834.6042	▲97.4120	2.5303	▲1.3487	0.1176
1996	4,268.8623	1,847.1354	157.4979	1.6657	▲0.3339	▲1.7662
1997	▲8,843.1145	632.8748	▲615.8565	12.8049	▲0.8213	▲1.5029
1998	▲4,837.8345	▲711.7694	▲1,007.0556	3.5951	▲0.7021	▲1.1476
1999	5,962.3378	655.9395	▲173.9302	▲1.2110	▲0.5291	1.0426
2000	5,558.4757	996.5196	437.3905	▲8.3116	0.0178	1.5187
2001	4,441.5059	1,295.5526	480.2365	▲3.4839	▲0.7538	1.5692
2002	▲541.8771	659.3332	▲648.2596	▲9.2175	▲0.0606	8.2913
2003	▲7,600.4333	▲1,087.5828	▲1,678.0707	▲19.9459	▲0.2101	13.3435
2004	6,888.7206	1,457.7787	▲17.3071	▲13.3500	▲0.0934	8.7353
2005	5,193.3261	1,272.1214	230.6152	▲10.7753	0.3635	16.7750
2006	11,005.3499	69.8222	▲773.1194	▲7.1142	0.5054	2.8659
2007	11,094.8893	1,380.0222	▲50.5244	▲3.9655	0.8174	4.8308
2008	3,162.0206	491.0851	295.2846	1.2746	0.6144	26.0149
2009	1,406.6429	1,008.0281	890.3264	2.8439	▲0.0739	20.6912
2010	8,671.1297	2,957.5102	1,492.3684	▲6.6551	1.7015	1.6594
2011	3,020.9636	1,027.2458	▲521.0455	5.3425	0.6285	39.6509
2012	▲778.6989	1,420.4379	▲29.2760	2.1976	0.4033	24.7824
2013	1,882.4150	1,338.8064	180.2273	1.3625	2.1448	24.3060
2014	1,348.9600	2,169.6849	1,679.2303	6.2999	0.8560	▲15.6317
2015	451.6078	977.4682	▲168.3419	2.2781	0.8708	2.7074
2016	15,703.5097	1,964.4186	456.9419	▲11.5548	0.3659	▲10.7730

3　倒産企業の経営行動

　通常，企業が健全な状態で経営を営んでいる場合には，企業の財務比率は会計理論で示される健全，非健全といった傾向に沿った傾向を示すことが一般的であり，よって財務分析を行うことは意義のあるものである。しかし，一度企業が財政困難な状況に陥ると企業を破綻から救おうとする経営者の行動は，当該企業が積極経営を行ったり，また安定的経営を行っている場合と似通った財務傾向をもたらし，そ

図 4-22：固定資産売却による固定長期適合率と流動比率の変化

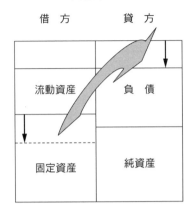

のような財務内容が第三者にあたかも当該企業が大変良好な経営状態にあるかの如く錯覚させることとなる。

　例えば，先の分析において倒産企業群の「固定長期適合率」が継続企業群とほぼ変わらない水準で推移していたのは，経営者が経営悪化に伴い当該企業の保有する資産の売却を進める結果と考えられる。手持資金が底をつけば，経営者が損をしてまでも固定資産を換金することは自然な行動である。固定資産の売却代金は多くの場合有利子負債の返済にあてられる。図4-22において示したように，このような一連の行動が固定資産を減少させ，その結果流動資産割合を増加させ，負債を圧縮して純資産割合を増加させるのである。また倒産に近づいている企業は，増資（特に第三者割当増資）を行う傾向があることも確認されており，これらの企業行動がさらに固定長期適合率の低下に拍車をかけ，その結果同比率は，継続企業群とほぼ変わらない水準にまで数値が回復するのである。

　同様に，「一人当たり売上高」の上昇は，経費節減の目的で企業が人員削減を行う結果であり，倒産企業が倒産直前に見せる典型的な傾向である。従業員数が減ることにより，「労働装備率」もおのずと上昇する。また，同時に分母に販売費及び一般管理費を持つ，「ディフェンシブ・インターバル」や「キャッシュ・インターバル」といった比率の値も上昇することとなる。同様に経常利益や当期純利益も上昇することとなることから，ROAやROEなども改善されることとなる。このように相互に関連を持つ比率は，特定の財務数値が政策的に改善されることにより，一斉

に改善傾向を見せることとなる。

さらに経済環境の変化を倒産企業の財務数値の変動から解析することとする。表4-5を観察すると,「有形固定資産増加速度」は,バブル経済崩壊後も2004年あたりまでは,倒産企業群の方が高い値をつけている(したがって差額がマイナス)。つまり,失われた10年といわれる時代にあって,継続企業は投資を控える,又は有形固定資産を売却するなど,経済誇張期に投下した膨大な投資資産を整理しているかのような外観を呈している。また,リーマンショックが起こった2009年にも同様に倒産企業群の方が高い値をつけていることが確認できる。一方,継続企業群では,経済環境の変化をにらみながら投資を控えるといった行動を取っていることが読み取れる。投資に関わる最終意思決定は通常経営者によってなされるものである。つまり,このような投資判断の誤りが企業を倒産に導びく一因となっているものと思われる。

第3節　倒産企業の財務的特長

企業の財務情報を利用して当該企業を分析しようとする者には,分析するにあたって経済環境の変化に影響を受けずに企業を的確に評価することができ,かつ分析者を惑わすことのない財務比率を効率よく分析することが求められる。闇雲に財務比率を計算し,その結果から安易な意思決定をすべきではない。そこで,財務分析を行うにあたり分析者を惑わすことのない安定的な比率を挙げ,そのような比率がバブル経済崩壊以降今日までどのような推移を見せていたか明らかにすることとした。特に,ここでは倒産判別に威力を発揮する比率を挙げることとする。倒産判別に威力を発揮するとは,倒産の判別のみが得意な比率という意味ではない。企業の財政状態について的確,かつ安定的に評価可能な比率であって,倒産のみならず企業の財政状態の良し悪しを明確に提示でき,かつ企業の格付けにも応用できる財務指標を指している。

1　倒産判別力の高い収益性比率

収益性比率の中で経済環境の変化に影響を受けず,かつ倒産企業群と継続企業群との間で大きく差の見られる比率を選び出した。「売上高税引前当期利益率」「総資本経常利益率」及び「総資本税引前当期利益率」である。各比率の算出式は次のとおりである。

売上高税引前当期利益率(%) ＝ 税引前当期利益 ÷ 売上高 × 100

$$\text{総資本経常利益率(\%)} = \text{経常利益} \div (\text{期首・期末平均負債・純資産合計}) \times 100$$

$$\text{総資本税引前当期利益率(\%)} = \text{税引前当期利益} \div \text{期首・期末平均負債・純資産合計} \times 100$$

　なお，損益計算書項目である「利益率」と，貸借対照表項目である「総資本」などを組合せて財務比率を算出する際には，貸借対照表項目については期首（前期末）・期末平均値を用いることを忘れてはならない。忙しいから，面倒だからと貸借対照表の期末日の値のみを用いて比率を求めるようなことは絶対にあってはならない。なぜなら，企業が作成する損益計算書は，期首から期末まで１年間の経営成績の合算であるのに対し，貸借対照表は，期末日（当日）１時点における企業の財政状

貸借対照表項目の変化

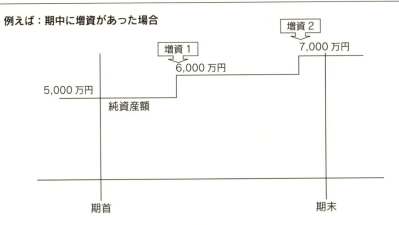

この期の資本金額（貸借対照表項目）はいくら？

	前期末貸借対照表	期中	期末貸借対照表
純資産額	5,000万円	6,000万円	7,000万円

簡便計算法を利用する：

$$\frac{5,000万円 + 7,000万円}{2} = 6,000万円$$

態を明らかにしているにすぎないからである。

つまり，「総資本利益率」の計算は，総資本（負債純資産合計）を分母に，利益を分子として計算されるが，分子の利益は1年間の様々な個別の売上からもたらされた利益の集合である。よって，本来であれば，それぞれの売上が生じた時点で投下された総資本額を個別に把握し個別売上ごとに「総資本利益率」を計算し，その結果を合算しなければならない。しかし現実には外部者が，当該企業の全ての取引を個別に把握することは困難であるから，このような比率を計算する際には，貸借対照表上の値については，簡便式に期首（前期末）・期末平均値を用いるのである。

このように，期首と期末の平均値を使用することにより，期末に突然増資を行って純資産額が膨らんだ企業や，一時的に借入金を返済し財政状況を良く見せかけた企業などの場合も，財務比率の歪みをある程度は吸収することが可能となるのである。なお，このような計算方法を採るため，必ず2期分の財務諸表が必要となり，そのため有価証券報告書に記載されている財務諸表は必ず2期分がセットとなっている。

そこで，正しい計算方法を採った上で，これらの比率を時系列に結び1995年から2016年までの推移を観察した。結果は，図4-23から図4-25のとおりである。

いずれの比率もほぼ共通した変動をみせている。まず挙げられる特徴は，倒産企

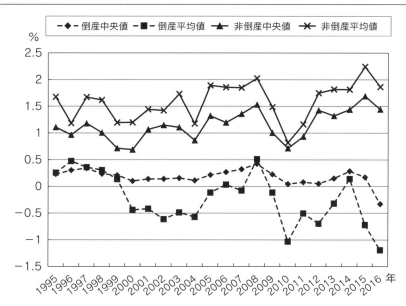

図4-23：売上高税引前当期利益率

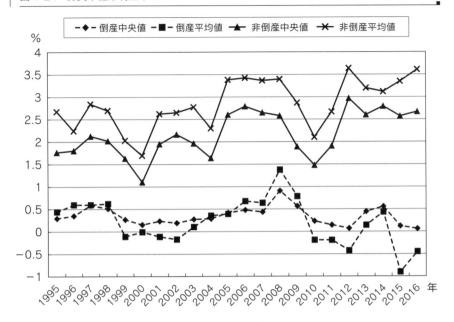

図4-24:総資本経常利益率

業群に関しては、これらの比率の中央値はほぼ同じ値で推移しており、経済環境の変化にあまり影響を受けず、いつの時代も一定であることがわかる。これに対し、継続企業群におけるこれらの比率を倒産企業群の変化と比較すると、年代によって乱高下していることがわかる。つまり利益率は、安定的な値なのではなく、経済環境によって変動する比率であるともいえる。

また注目すべき点は、これらの比率は倒産企業群と継続企業群の値に大きな開きがあるという点である。つまり、これらの比率については両群の分布の範囲が異なることに注目し、0.5以下といった低い値を示す企業の場合には危険な状態に近い（倒産可能性が高いという意味ではなく、あくまで危険ゾーンに属するという意味）と判断することが可能である。比率の値が前年度と比較し上下していたとしても、その値が1％以上であれば当該企業を継続し得る収益性は保たれており、一方、もし前年度と比較し同水準で推移していたとしても、その値が0.5％を下回れば、企業を継続し続けるだけの収益性が保たれていないと判断できる。

図 4-25：総資本税引前当期利益率

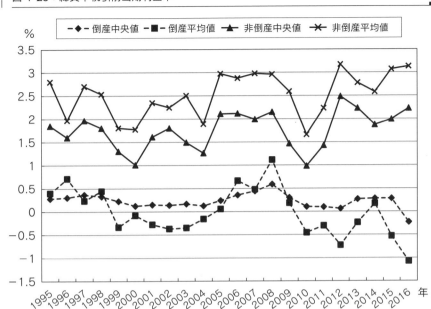

2 倒産判別力の高い安全性比率

次に，企業の安全性を表す財務比率の中で，経済環境の変化に影響を受けず安定した推移をみせ，かつ倒産企業の特徴をよく表している比率を選び出した。「外部負債依存率」と，「総資本留保利益率」であった。

「外部負債依存率」の算出式は次のとおりである。

> 外部負債依存率 ＝ ［期首・期末平均（短期借入金＋1年以内返済予定の長期借入金＋長期借入金＋社債＋受取手形割引高）］÷［期首・期末平均（負債・純資産合計＋受取手形割引高）］× 100

「外部負債依存率」の計算に際しては「受取手形割引高」を負債として認識する必要がある。受取手形割引高はオフバランス（貸借対照表には記載されていない）の負債だからである。上場企業であれば注記に同額が記載されているので参考にすると良い。無論負債（分子）に加算するだけでなく，分母への加算も忘れてはならない。

なお，「外部負債依存率」のような貸借対照表項目のみで構成されている比率についても期首・期末平均を用いる必要があるのか，との疑問を呈されることがある。しかし，もし期末数値だけを用いて値を求めれば，その比率は期末日1日の

「外部負債依存率」を表すこととなってしまう。つまり，「総資本利益率」と「外部負債依存率」の2つの比率を用いて企業を評価しようとする場合，そのような計算方法では「総資本利益率」では期中の状況を観察し，「外部負債依存率」では期末1日の状況を観察することとなり，明らかに時制の異なる2つの財務比率を用いて1つの企業の状態を評価することとなる。このような財務比率の時制の不一致は好ましいこととはいえないことから，本書では貸借対照表項目のみで構成されている比率についても，全て期首・期末平均を用いることと推奨している。

そこで「外部負債依存率」の1995年から2016年までの推移をグラフで観察した。図4-26のとおりである。

「外部負債依存率」の推移を観察すると，倒産企業群，継続企業群の中央値，平均値がほぼ重なり正規分布していることがわかる。これはこの比率においては極端に大きな値や，小さな値をつける企業がなく，ある範囲にほとんどの企業の値が収まっていることを意味している。なお，この比率の特徴は倒産企業群と継続企業群の中央値及び平均値に大きな差があるという点である。つまり，この差こそが企業の倒産兆候を表しているのである。この比率は倒産企業群が高い値をつけていることからわかるように，値が60％を超えるレベルから企業の破綻の危険性が高まるといえる。

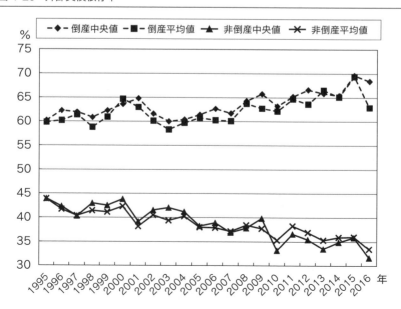

図4-26：外部負債依存率

第4章 財務分析における基礎知識

さらに，経済環境の変化に影響を受けず，かつ非常に安定した推移をみせ，倒産企業の特徴をよく表している比率として「総資本留保利益率」の推移を時系列に観察した。「総資本留保利益率」は1999年開発のSAFモデル及び2003年開発のSAF2002モデルの両モデルにおいて，最も倒産判別に威力を発揮する比率として選択された比率である（詳細は，白田佳子『企業倒産予知モデルの形成』中央経済社，白田佳子『企業倒産予知モデル』中央経済社を参照のこと）。「総資本留保利益率」の算出式は次のとおりである。

総資本留保利益率 ＝ 期首・期末平均留保利益 ÷ 期首・期末平均総資本
　　　　　　　× 100

注：留保利益 ＝ 純資産の部 －（資本金 ＋ 資本剰余金 ＋ 新株予約権 ＋ 少数株主持分）

また，「総資本留保利益率」の1995年から2016年までの推移は図4-27のとおりである。

図4-27からわかるとおり総資本留保利益率は，倒産企業群と継続企業群の差（実数ではなく比率に占める差の割合）が「外部負債依存率」以上に大きく，はっきりと倒産に至る企業と，継続する企業では値に違いがある。また，倒産企業においては「外部負債依存率」同様，中央値及び平均値がほぼ重なっており，またその推移

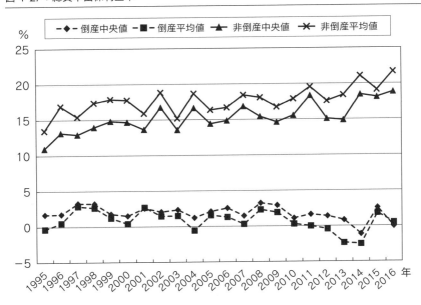

図4-27：総資本留保利益率

水準は一定を保っていることから，どの年も極端に高い値や，極端に低い値をつける企業が存在しないことを示している。これに対し，継続企業群ではどの年も平均値が中央値よりさらに高い値となっていることが確認できる。このことは，継続企業においては特に高い値をつける企業が数多く存在することを示している。しかも継続企業群における「総資本留保利益率」の推移を観察すると，バブル経済崩壊後の失われた20年といわれる時代である2016年までの間，その値は年々上昇を続けている。つまり，経済が不安定といわれる時代に，企業が着実に内部留保を積み上げている様子がはっきりと現れている。このことは，継続企業ではリスクに対する意識が高く経済活動が不活発になればなるほど，利益を留保へ振り替えることを示している。これに対し，いつの時代においても倒産する企業には内部留保が少なく，自己金融能力がほとんどなくなっている状態に近づいていることがわかる。このことから，倒産予知においては総資本留保利益率が時代を超えて常に高い判別力を持ち，しかも経済環境が悪化する局面においてはさらにその判別力が高まることを物語っている。

3 比率間の相関関係と倒産分析

これまでの分析により，いくつかの財務比率は経済環境の変化に影響を受けにくく，しかも倒産企業判別に有用であることが確認された。ともすれば企業の財務分析を行う際には，できるだけ多くの種類の財務比率を用いて分析すればより多くの情報を得られるような錯覚に陥ることがある。しかし例え経済環境の変化に影響を受けず，また倒産企業判別に威力を発揮する財務比率があったとしても，同様の結果が得られる比率（相関関係が見られる比率）を数多く用いて同一企業を分析すれば，当該企業の一つの側面を多くの比率によって重複して分析しているにすぎず，かえって当該企業のその他の側面に対する評価が御座なりになる可能性がある。

ちなみに，「外部負債比率」と「総資本留保利益率」は両者とも倒産企業の判別に威力を発揮することは確認できたが，より詳しく観察すると両者が類似した推移をみせていることがわかる。そこで両者の相関関係を分析した。その結果，継続企業群においては「外部負債依存率」と「総資本留保利益率」の間に負の相関が見られる。継続企業においては，「外部負債依存率」の低い企業は「総資本留保利益率」が高くなる傾向にある。両比率は，企業が安定状態にある際には連動して変動する傾向にあるのである。したがって，両方を同時に分析し，「外部負債依存率が低下＝企業の財政状態が良好に転じている」，「総資本留保利益率が上昇＝企業の財政状態が良好に転じている」との結果を得ても，それは企業の全く同じ側面を分析しているにすぎないのである。

つまり，たとえ企業の倒産判別に威力を発揮する比率があったとしても，それらを同時に用いて1つの企業を分析することはあまり意味がない。企業の財務分析，特に倒産可能性を分析する際には，当該企業を多面的に評価することが重要なのである。相関のある比率による重複分析では，複数の比率が同様の結果を示すため，あたかも当該企業が大変良好な（もしくは悪化した）財務内容であるかの如く誤認してしまうことがある。大切なことは類似した多くの財務比率による分析ではなく，多面的に企業を評価・分析することのできる財務比率を効率的に組み合わせて冷静に企業を分析することである。

第5章 倒産予知モデルの開発と格付けの実践

　財務分析を行う際には，複数の財務比率を一つひとつ計算し，各々の比率の傾向から当該企業の安全性や成長性を判断しようとするであろう。しかし，前章で述べた財務分析に不向きな比率を排除し，企業を適正に評価できる比率のみを用いて分析を行ったとしても，分析者は判断に躊躇する場面に遭遇することがしばしばある。分析対象企業において，ある財務比率は良好傾向を示し，他の比率は悪化傾向を示しているような場合である。良好傾向を示す比率の数が悪化傾向を示す比率の数よりも明らかに多いのであれば，一応相対的にはその企業は良好傾向にあると判断するかもしれない。しかし両者の割合が同程度の場合や，若干の差であった場合には分析対象企業の状態をどのように判断したらよいであろうか。また，もし良好傾向を示す比率の数が多かったとしても，一部に極端な悪化傾向を示す比率があった場合に，分析者は自らの判断に確信が持てるだろうか。

　このような問題を解決するためにAI（人工知能）における機械学習アルゴリズムを用いて，企業倒産を的確に判別することができる財務比率の抽出方法を紹介する。また，抽出された比率を用いて，誰でもが容易に企業倒産可能性を評価できる多変量判別関数モデルとして構築し，構築された倒産予知モデルを用いて対象企業を格付けする具体的な方法を解説する。

第1節　倒産予知モデルの理論

1　AI（人工知能）技術と多変量判別関数モデルの融合

　財務分析について書かれた書籍には，各比率の計算方法と個別の評価方法しか記載されておらず，複数の比率の計算結果に矛盾が生じた場合にどのように判断すべきかについては一切触れられていない。企業は生き物であって多様な側面を持ち，個々の企業の経営行動，またそこから生み出される成果や資金の配分方法は各々全く異なるものである。つまり，企業を個別の財務比率で分析する方法（一般に単変量分析と呼ぶ）では企業の一つの側面を断片的に観察しているにすぎないこととなる。同様に，単変量分析を用いて企業を同業他社と比較する，また，同規模の企業と比較することも，分析者を誤導する原因となり得る。なぜなら，企業の財政状態は，収益性，流動性，活動性，成長性や効率性といった様々なバランスの上に成り立っており，それらを1つの財務比率に全て織り込むことは不可能だからである。また

第5章　倒産予知モデルの開発と格付けの実践

前章でも述べたとおり，財務比率には相関のある比率が多く存在し，単変量分析ではともすれば重複した分析を行っていることが考え得る。

そこでこのようなことを排除するためには，独立した様々な財務比率を適度に組み合わせ，企業を多面的に評価する手法を検討する必要がある。なお，これまで公表されてきた倒産予測モデルでは，統計処理により倒産判別に有意な財務比率を抽出し多変量解析モデルを構築するものが一般的である。ただ，統計処理では会計の理論や企業行動は一切考慮外に置かれている。かつて発表された多変量判別関数モデルの中には，相関の見られる財務比率や経済環境の変化に影響を受ける比率，分布に安定性が見られない比率などについても何ら配慮せずにモデルに組み込まれている例が見られる。例えば倒産判別モデルとして世界的に名高いアルトマンの1986年開発の倒産予測モデルには，わが国のデータで検証する限り分布が不安定でかつ金利変動に影響を受けることが確認されている「総資産利子・税込利益率」が組み込まれている。このモデルは当時米国で倒産した33社と同時期に継続していた33社のわずか66社のみを対象として開発されたモデルである。したがって，このモデルがモデルを構築した時代の米国の企業においては適合するモデルであったかもしれないが，時間軸を超えたその他の企業，まして商習慣も異なり，かつ異なった会計基準を用いているわが国の企業の評価分析に用いることは，無謀な行為ともいえる。

財務比率を用いた多変量判別関数モデルの構築は，単に統計解析ソフトに処理を任せるだけでは十分ではない。最も大切なことはモデルに組み込む財務比率に対し事前に会計的側面から十分なスクリーニングを行うことである。本章において企業格付けへ適用するモデルとして紹介するSAF2002 (Simple Analysis of Failure 2002) モデルには4つの財務比率が組み込まれている。しかし，この4つの財務比率を抽出する際には，大量の財務比率の中から企業評価に最も威力を発揮する比率をAIにおける機械学習アルゴリズムを用いて選び出し，抽出した財務比率を統計処理により多変量判別関数モデルとして構築している。抽出候補とする比率についても慎重に検討を重ねた。その結果，モデルに組込む候補として対象となった比率は表5-1で示した42の比率であった。

対象とした比率として，本書の付録に記載された比率の全ては用いられていない。よって比率番号が継続番号となっていない。この理由は，前章で明らかにしたとおり，倒産企業群と継続企業群におけるポジションが，時代や経済環境によって逆転する比率については検討対象から排除したからである。モデルを構築する際には，当該比率が「倒産企業群の方が継続企業群より常に高い・低い」，といったような理論に整合し，企業評価に対する指針として安定的に用いることができることが

表 5-1：識別財務比率一覧

変数名	指標名	変数名	指標名
X1	売上高増加率	X37	棚卸資産回転期間
X3	自己資本増加率	X38	商品・製品回転期間
X5	総資本売上高率	X43	一人当たり経常利益
X6	総資本経常利益率	X45	当座比率
X7	総資本留保利益率	X46	売上債権対買入債務比率
X8	総資本企業収益率	X47	負債比率
X10	総資本税引前当期利益率	X48	自己資本比率
X11	自己資本経常利益率	X49	外部負債依存率
X12	自己資本当期利益率	X50	固定比率
X13	総資本回転率	X53	インタレスト・カバレッジ・レシオ
X14	総資本回転期間	X54	負債回転期間
X15	買入債務回転期間	X55	流動負債回転期間
X16	支払手形回転期間	X56	短期借入金回転期間
X18	有利子負債平均金利負担率	X58	固定負債回転期間
X21	売上高営業外費用率	X59	社債・長期借入金回転期間
X22	売上高経常利益率	X60	現預金手持日数
X23	売上高税引前当期利益率	X61	ディフェンシブ・インターバル
X24	売上高当期利益率	X64	CF 営業収入
X25	売上高金融収支比率	X66	CF 経常収支
X26	売上高金利負担率	X67	フリー・キャッシュ・フロー
X36	売掛金回転期間	X68	CF 版インタレスト・カバレジ・レジオ

最低条件である。これまでの同様のモデルでは，モデルを構築する際に，このような事前検証を行っていない。あくまで会計理論に従って財務比率をモデルの候補として利用しており，使用されている財務比率が時代とともに理論と整合しない傾向を示す実態などについて配慮されていない。モデルを構築する際には，長期にわたって理論に整合し安定的に使用できる財務比率のみを利用すべきである。このことから本書では，前章において，財務比率の特徴を細かく分析した。なお，比率番号（X○）を残しているのは，どの比率が欠番になっているかを確認できるようにし

第5章　倒産予知モデルの開発と格付けの実践

た為である。

　なお，モデルを開発する際に用いたデータ件数は，倒産企業サンプルは，1,053社，継続企業はおおよそ10万社から系統抽出した3,103社である。結果，これらの企業の平均資本金額は，倒産企業群で，2億9,849万円，継続企業群で2億3,687万円，総資産規模は，倒産企業群で平均73億4,728万円，継続企業群で102億5,774万円であるから，決して弱小企業を分析対象としたものではない。

　また，統計処理では2群（倒産企業群と継続企業群）の各群におけるデータの分布などに抽出結果が影響を受けるが，SAF2002モデルに利用される財務指標の抽出で用いられているAIにおける機械学習アルゴリズムでは，データの分布などには一切左右されずに，有意な指標を抽出することができる。人工知能による解析結果は，図5-1のとおりである。結果表5-2で示した財務比率の組み合わせが，他のどのような財務比率の組み合わせよりも倒産判別に有用であることが科学的に明らかとなった。さらにSAF2002モデル開発以降金利が0％となった2000年からリーマンショックを挟んだ2016年の間に倒産した3,161件の倒産企業と，同時期に継続していた10万社から系統抽出した9,532件の企業についても同様にAIにおける機械学習アルゴリズムを用いて倒産判別に有用な財務指標の抽出を試みた。結果は，最も判別力の高い指標としてSAF2002モデルで3番目に採用されている「売上高金利負担率」が最も高い判別力を持つ指標として抽出されており，その次に「総資本留保利益率」が抽出された。しかもこの2つの指標で，95％の継続企業が分別されている。金利ゼロの時代においては，「売上高金利負担率」に倒産企業と継続企業の差が顕著に現れている。ただし，金利については分岐点がSAF2002に利用された分析データでは，ほぼ1％だったが，2000年から2016年の間では0.7％と非常に低くく，わずかの差で倒産，継続を分類することとなる。実際にはこのわずかな差で企業の行く末を見分けることは困難である。一方「総資本留保利益」については，SAF2002に利用された分析データでは分岐点は8.86％だが，2000年から2016年のデータでは10.78％まで上昇しており，「総資本留保利益」によってほぼ残りのデータが倒産群と継続群に分類されていることが検証された。

　両指標はSAF2002モデルに採用されており，結果，大量のデータでモデルを組み直した結果では，SAF2002モデルが，当初の開発から15年経過した現代においても，非常に安定的に企業の倒産判別及び，格付けが可能との結論に至った。

　なお，図5-1で示された分析結果は以下のように解釈される。

　企業のデータはまずX7総資本留保利益率の値が8.86175％より低い場合には倒産可能性のある企業群として，総資本留保利益率の値が8.86175％より高い企業については倒産可能性のない企業群として分割される。この分割により倒産の可能

図 5-1：機械学習アルゴリズムによる倒産判別に有意な財務比率の抽出

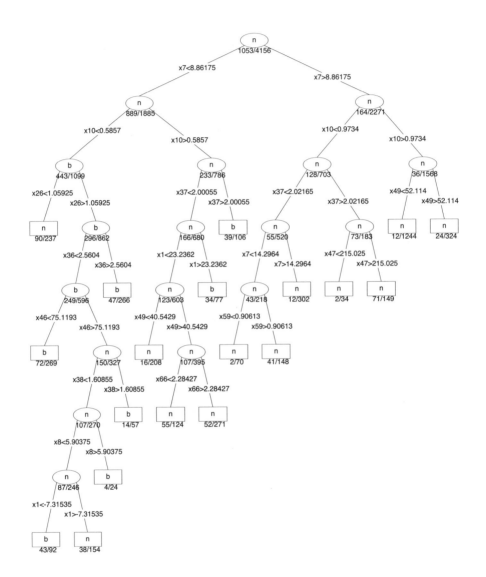

表 5-2：モデルに組込む比率の選択

順位	変数	比率名	分割値
1	X7	総資本留保利益率	<8.86175
2	X10	総資本税引前当期利益率	<0.58570
3	X26	売上高金利負担率	>1.05925
4	X37	棚卸資産回転期間	>2.00055

性のある企業群に振り分けられた企業はさらに X10 総資本税引前当期利益率が 0.5857％を下回っているか，上回っているかによってより倒産の可能性が高いかどうかが判断される。

もし X10 総資本税引前当期利益率が 0.5857％を上回っていれば倒産の可能性はぐっと低くなるが，ただしこの値が 0.5857％を上回っていても同時に X37 棚卸資産回転期間が 2.00055 月を上回る企業は急速に倒産の可能性が高まる。また，X10 総資本税引前当期利益率が 0.5857％を下回っていればかなり倒産可能性は高く，加えて X26 売上高金利負担率が 1.05925％より高く，X36 売掛金回転期間が 2.5604 月を上回っている企業は，ほぼ倒産企業と判断される。

このように，複数の条件を揃えてモデル化し倒産の可能性を評価する手法を，多変量判別関数モデルという。

2　選別された倒産予知モデルを構成する財務比率

最終的に SAF2002 モデルを構築するために選択された財務比率は表 5-2 で示した 4 つの比率である。ただし，企業の倒産は複雑な要因がからみあって発生するものであるから，本当にたった 4 つの財務比率を使用するだけで倒産を正確に予知することができるのだろうかとの疑問が呈されるかもしれない。しかし，企業が倒産に至る直前に見せる決定的な要素は実はそれほど多くない。それどころか，企業が破綻に陥る過程で見せる様々な兆候を一つひとつくまなく分析するよりは，どのような企業においても破綻前に共通して現れる決定的な要素だけを捕らえた方が，倒産を確実に予知することが可能となる。なぜなら各企業の個別事情はあまりにも異なるため，詳細な分析を行うと特定の企業には当てはまるが，他の企業には当てはまらないといったような状況が発生してしまうためである。このことは，4 つの比率を選択する段階において候補とされた第 5，第 6 さらには第 7，第 8 番目の財務比率を幾通りにも組合せ，何度も倒産判別力を検証した結果からも明らかである。8 つ全ての比率を組み合わせるよりも，また他のどの組合せよりも最終的に選択された 4 つの比率の組合せが，確実に最も高い判別力で倒産を見分けることができる

SAF2002モデルの構造と特徴

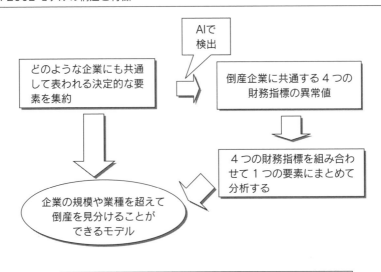

ことが検証された。

　なお，SAF2002モデルは，企業規模や業種を超えて利用できるモデルとなっている。これまでの財務分析における常識では，財務比率は企業規模や業種によって平均値に差があり，したがって企業規模や業種を超えて比率を比較することは意味をもたないと思われてきた。しかし，倒産という事象を顕著に表す財務比率を慎重に取出し，丹念に分析したところ，ここで取り出した財務比率は，経済環境の変化に影響を受けないことは無論のこと，企業規模や業種にもほとんど影響されない比率群であることを検証することができた。

　また，今回の検証により，開発から15年経過した現代でもSAF2002モデルは的確に倒産を予知し，又格付けに応用できることが明らかとなった。

　そこで，モデルに用いる各財務比率について企業のどのような側面を投影しているのかを明らかにすると共に，各比率の算出方法を再度確認することとする。なお，SAF2002モデルでは使用する財務比率は，必ず小数点以下第5桁までを採用することを忘れてはならない（0.00001％まで採用する）。また，計算に際しては，小数点以下第6桁を四捨五入して求めることとする。さらには，分析に利用する財務

比率を分析者が独断で組み替えたり，削除したり，また比率の計算方法を簡略化するようなことはあってはならない。安易に比率を組み替えたり，正しい計算方法を採らずモデルを利用することは，かえって危険である。

なお，「棚卸資産回転期間」は百分率で表されてない比率であるので，計算に際しては単位に注意する必要がある。

指標その1：総資本留保利益率

資本効率収益性指標（総資本留保利益率）は，SAF2002モデルを構成する財務比率の中で，最も重要な財務比率である。なぜなら，様々な角度から分析した結果，この比率が倒産する企業と倒産しない企業の間で，最も異なった傾向を示す比率であることが明らかとなったからである。1％以下の値に注目する金利に係る指標と異なり，倒産企業と継続企業では大きな差が見られることから判断に利用するには大変適した比率といえる。倒産企業と継続企業に大きな差が見られる傾向はバブル経済以前からバブル経済誇張期，そしてバブル経済崩壊以降，リーマンショックを経た今日まで変わることはないことが明らかとなっている。つまり，この比率に企業の倒産傾向が最も顕著に現れるといっても過言ではない。また，債券の格付けを行う各機関が格付けの説明変数として「留保利益率」を常に高いランキングにあげていることからも，同比率が企業倒産判別のみならず，債券の安全性評価（債券の償還可能性評価）にも有用であることが窺われる。

なお，近年では多大な留保利益を保有している企業に対し，株主が高額な配当を求めるケースも見られるようになった。このような行動は企業の安定経営を求める経営者と，株主の利害の対立を表したものである。企業が継続的に安定経営を続けるためには相応の留保利益が必要なことはこれまでの分析結果でも明白である。わが国の安定企業の多くが膨大な留保利益を積んでいる事実は「株の持ち合い（政策保有株式）」といった寛容な株主のもとに保たれてきたものともいえる。したがって今後は，持ち合い株の解消が進み資本効率に積極的な株主達によりコーポレート・ガバナンスが主張されるようになることで，留保されていた利益が社外に流出し，その結果企業が窮地に立たされる可能性もある。これらのことから，倒産予知においては，市場動向と「総資本留保利益率」との関係にも注意を払う必要があろう。新たな2018年に公表された「コーポレートガバナンスコード」における「会社の持続的な成長と中長期的な企業価値の向上を目指すための行動指針」には，「資本コスト」という言葉が多く登場している。今後は，企業において「資本コスト」の意味を正しく理解し，適切な運用を実行することが求められている。安易に留保利益を取り崩し配当を増額する，また自己株式取得などを行うことで「総資本留保利

益率」が減少することは，企業の安全性を損なうこととなることを認識する必要がある。

また，留保利益が多額に積み上がっていることをして，「現金・預金」が積み上がっていると表現する記事が散見される。しかし，留保利益は「資本側（貸方）」の項目であり，「現金・預金」は「資産側（借方）」の勘定科目である。手持ちの現金の増減は，借入れによる場合もあれば，利益剰余金の増加による場合もある。つまり留保利益の積み上げは，「現金・預金」の多寡とは一切連動していない点を理解する必要がある。

なお，「総資本留保利益率」の算出では，総資本と留保利益という2つの財務数値を使用する。

① 総資本

総資本は，その企業が事業を行う上で投下した資本の総額を表し，通常貸借対照表の右側（貸方）の一番下に「負債純資産合計」といった名称で記載されている。総資本は，他人資本と呼ばれる負債と，自己資本と呼ばれる純資産の2つから構成されている。企業はこれら総資本を元手に企業の営業活動を行っている。つまり，総資本は，企業の事業資金の調達源泉を表し，それが具現化したもの（通常運用形態と呼ぶ）が資産である。なお貸借対照表上は，総資産額と総資本額（負債純資産合計額）は同額と考えられていることから，ここで利用する値は総資産額に代替してもかまわないとの意見も聞かれる。しかし，総資本留保利益率は，企業の調達源泉のうち，留保利益がどの程度の割合蓄積されているかを測る比率であるから，分母は総資産ではなく，総資本が用いられる。

なお，わが国では英語でBalance Sheetという名称の計算式について，資産総額と負債純資産合計を比較する表として「貸借対照表」と呼び，資産総額と負債純資産合計を同額で表示することが一般的となっている。しかし，Balance Sheetの本来の意味は「差額計算書」であり，価額が常に変動する資産総額から，確定債務である負債を引いた残りが純資産であり，この純資産を求めるための計算式がBalance Sheetである。このことから，基本的には総資産額は常に，負債純資産合計額ではないとの基本概念の元，ここでは調達源泉である「総資本（負債純資産合計）」という表現をあえて利用している。

② 留保利益

留保利益は，企業が毎年得た利益を企業内部に積み立てた（留保している）もので，利益剰余金とも呼ばれる。一般には利益剰余金と留保利益とは同一のものとして取り扱っている書籍が多い。一方，SAF2002モデルではオリジナルの算出式を用いて留保利益を求めている。

ちなみに，資本準備金やその他資本剰余金は資本金同様あくまで出資者による金銭又は現物による払込資本であり，利益準備金や利益剰余金は企業の経済活動から生じた果実（成果）を積み立てたものである。したがって，両者の財源は明らかに異なるものである。そこでSAF2002モデルにおいて採用している留保利益は，本来の剰余金（企業の稼ぎ力）を意味する指標として，純資産の部合計から資本準備金（その他資本剰余金：旧商法288条ノ2）を控除した数字を採用している。さらに特徴的な点は，留保利益に「その他包括利益累計額（評価・換算差額等）」を含めている点である。

　なお，企業が債務免除を受けた場合や，負ののれんが計上された場合には金銭の授受（資産の増加）が生じないにもかかわらず，特別利益が計上され，結果当期純利益及び留保利益の増加が生じることとなるので注意が必要である。また，「土地再評価差額金」は任意適用であったことから計上していない企業もある。つまり，計上がないから保有する土地がないとはいえないのである。ちなみに「土地再評価差額金」が計上されている場合であっても，計上の基礎となる「土地の再評価に関する法律」が平成14年3月までの時限立法であったため，計上時と現在の時価との差額が生じている可能性が高い。所有する土地の現在の時価との差額は，上場企業であれば有価証券報告書の注記に開示されているので確認が可能である。一方，非上場企業の場合は当該企業の所有する土地の住所さえわかれば法務省のホームページで所有権を確認した上で，国税局のホームページにて全国の路線価（財産評価基準）を検索・閲覧することができることから，土地の時価について概算を求めることは可能である。

　ちなみに，2006年5月1日から新たに会社法が施行され純資産の部の記載内容に大幅な変更が加えられた。さらにはそれ以降も表示に若干の変更が加えられていることから，分析する年によって，計算に用いる項目名が異なることには注意が必要である。また，米国基準や国際会計基準による純資産の部の構成内容は，日本基準による内容とは全く異なる。このことから，これらの基準との純資産額を用いたROEや自己資本比率などの算出においては，米国基準や国際会計基準との比較可能性は低いことを認識する必要がある。わが国における旧様式と新様式における純資産の部の対応表は表5-3のとおりである。

　現行の連結貸借対照表上では，「純資産の部」に「Ⅰ　株主資本」,「Ⅱ　その他包括利益累計額」,「Ⅲ　新株予約権」,「Ⅳ　非支配株主持分」と区分して記載されている。さらに「Ⅰ　株主資本」は，「1　資本金」「2　新株申込証拠金」「3　資本剰余金」「4　利益剰余金」「5　自己株式」「6　自己株式申込証拠金」に区分されている（ただし，「2　新株申込証拠金」「6　自己株式申込証拠金」については該当がなく記載されて

表 5-3：純資産の部　新旧様式対応表

旧様式	新様式
（資本の部） Ⅰ　資本金 Ⅱ　資本剰余金 　　1　資本準備金 　　2　その他資本剰余金 　　　（1）資本金及び資本準備金減少差益 　　　（2）自己資本処分差益 　　　資本剰余金合計 Ⅲ　利益剰余金 　　1　利益準備金 　　2　任意積立金 　　3　当期未処分利益 　　（又は当期未処理損失） 　　　利益剰余金合計 Ⅳ　土地再評価差額金 Ⅴ　その他有価証券評価差額金 Ⅵ　自己株式	（純資産の部） Ⅰ　株主資本 　　1　資本金 　　2　新株式申込証拠金 　　3　資本剰余金 　　　資本準備金 　　　その他資本剰余金 　　　資本剰余金合計 　　4　利益剰余金 　　　利益準備金 　　　その他利益剰余金 　　　　XX 積立金 　　　　繰越利益剰余金 　　　利益剰余金合計 　　5　自己株式 　　6　自己株式申込証拠金 　　　株主資本合計 Ⅱ　その他の包括利益累計額 Ⅱ　評価・換算差額等 　　1　その他有価証券評価差額金 　　2　繰延ヘッジ損益 　　3　土地再評価差額金 　　4　為替換算調整勘定 　　5　退職給付に係る調整累計額 　　　その他の包括利益累計額合計 Ⅲ　新株予約権 Ⅳ　非支配株主持分 　　　純資産合計

注：新様式の網掛けは，個別財務諸表にのみ適用
出所：企業会計基準委員会，企業会計基準適用指針第 8 号『貸借対照表の純資産の部の表示に関する会計基準等の適用指針』平成 25 年 9 月 13 日．

いない企業が多い）。

よって，留保利益は以下の式で求めることとなる。

留保利益 ＝ 純資産合計 －（資本金 ＋ 資本剰余金 ＋ 自己株式
　　　　　＋ 自己株式申込証拠金 ＋ 新株予約権 ＋ 非支配株主持分）

また，個別財務諸表における留保利益の計算方法は，以下の式で求めることとなる。

> 留保利益 ＝ 純資産合計 －（資本金 ＋ 資本剰余金 ＋ 自己株式
> 　　　　　　＋ 自己株式申込証拠金 ＋ 新株予約権）

　ただし，旧様式で開示されている財務諸表から留保利益を算出する場合は以下の式となる。

> 留保利益 ＝ 資本の部 －（資本金 ＋ 資本剰余金 ＋ 自己株式）
> 　　　　　　　　　　　　　　　　　　　　　　　　　…連結財務諸表
> 留保利益 ＝ 資本の部 －（資本金 ＋ 資本準備金 ＋ 自己株式）
> 　　　　　　　　　　　　　　　　　　　　　　　　　…個別財務諸表

　貸借対照表上の総資本（表記上は「負債純資産合計」）は，その企業が事業活動を行う上で使用することができる元本の総額を表し，また留保利益は，企業活動によって得られた利益から課税額，配当金を控除した後に企業内部に留保された自己資金額を表わしている。また，留保利益には保有する有価証券や資産の再評価によって生じた評価差額金も含まれる。これは，投資などのリターンのうち実現していない（売却などによって手にしていない）未実現利益である。企業が経営難に陥った際に換金可能性の高い資産を保有しているか否かは，行く末に大きな違いを生じさせる。なお，その他有価証券評価差額金や為替換算調整勘定は，時として益金として認識されるだけでなく，当該企業が保有する資産の目減り分を明らかにすることもあり，積極的に認識すべきである。

　このように総資本留保利益率は，総資本のうち何％がそれまでの事業利益や投資備蓄からの運用益によって占められているかを測る比率である。総資本は返済が必要な負債と，返済の必要のない純資産の部に分けられるが，純資産のうちでも企業に投下された払込資本以外の留保利益は，企業が本当の意味で自由に運用することができる資金を表わすこととなり，この額が多ければ多いほど，企業には内部に余裕資金があることとなり，経営が安定的であるといえる。

　ちなみに，近年留保額が多い企業を指して，「現金をもっと活用すべきだ」「キャッシュリッチは良くない」との意見が聞かれる。そもそも総資本は企業活動の「源泉」を表し，その額が，現金として運用されている訳ではない。借入金はもとより留保利益は，商品の仕入れであったり，固定資産の購入，設備等の運用，また子会社への投資であったりと，様々な企業活動に支弁され資産として活用されている。企業活動の源泉として借入金に依拠する経営行動は，将来へのリスクを抱えることとなり，永続的な安定経営には繋がらない。前述のとおり留保利益額の多寡は，企業活動の資金を，借入れに依存しているか，自己で獲得した

表 5-4：総資本留保利益率の平均値

倒産企業群	0.77512 %
継続企業群	17.67955 %
倒産傾向	減少

図 5-2：総資本留保利益率の分布

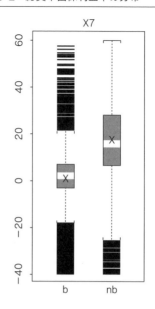

資金で賄っているかを表しており，経営者のリスク感性を表しているともいえる。
　総資本留保利益率は以下の式で求めることができる。

```
総資本留保利益率(%) ＝（期首・期末平均留保利益
　　　　　　　　　　÷ 期首・期末平均総資本）× 100
```

　1995年から2016年の倒産企業群及び継続企業群における総資本留保利益率の平均値は表5-4，同比率の倒産企業群と継続企業群の分布は図5-2，時系列変化のグラフは図4-27のとおりである。
　平均値での比較において倒産する企業群と継続する企業群における総資本留保利益率に大きな差がみられても，極端に大きな値をつける継続企業や，極端に小さな値をつける倒産企業が存在すれば，両群の平均値には差が見られることとなる。そこで両群の分布を確認することで，同比率の傾向を観察した。図5-2のとおり倒産企業群（bグループ）における中央値（白い線）と継続企業群（nbグループ）の中央値には大きな開きがあることが確認できる。さらにそれだけではなく，倒産企業群を構成する主たる企業（中央値を中心とするボックス）の上限は，継続企業群のボックスの下限に届いておらず，両群の値が明確に区分されていることがわかる。企業の財務数値というものは，倒産に至らない企業であっても，倒

産企業並みの値をつける企業がある程度は存在するものである。しかしこの財務比率は，一部の外れ値を除けばそのような傾向が見られず，倒産に至る企業と継続する企業の値に大きな開きがあり，倒産に至る企業の兆候を明確に表しているといえよう。

指標その２：総資本税引前当期利益率

　一般的に財務分析を行う者は，収益率の低下は企業の経営の悪化に直結すると考えがちである。しかし，バブル経済崩壊直後から現在に至るまでわが国では，収益率の低下は倒産の主要な要素とはなっていない。無論収益率の低下は留保利益を減少させるとともに資金欠如をもたらす要因の一つであることに間違いない。ただし，わが国の企業は，有担保主義による金融システムに支えられてきたことから，一時的に収益の低下が見られても換金性の高い資産を保有している企業は，資金調達が可能である。逆にいえば，一時的に高収益を上げていても多額の回収不可能な不動産などを保有する企業では，一時の収益を一瞬で失う可能性が高く，収益率を観察するよりは貸借対照表に現れる資産の増減を観察することのほうが倒産可能性の判断に有効である。

　なお，バブル経済が崩壊して25年以上が経過し，現在企業が保有する資産はほぼ適正価額にまで調整されてきており，近年は過度な投資行動なども見られない。このような背景から近年では資産の増減よりも収益性の違いが，企業を倒産に導く鍵となっているように見受けられる。「総資本税引前当期利益率」は，投下した資本から最終的にどのぐらいの利益が当該企業にもたらされたかを測る比率であり，単純な利益率というよりは資本効率を測る比率といえる。

　ちなみに，総資本税引前当期利益率の算出には，総資本留保利益率の算出に使用する「総資本額」（貸借対照表上の「負債純資産合計」）と，損益計算書に記載されている「当期純利益」を用いて算出する。

①　税引前当期純利益

　「税引前当期純利益」は，損益計算書の「Ⅶ　特別損失」のさらに下に掲載されている利益の計算区分に記載されている。損益計算書の利益の計算区分では，以下のとおり表記される。

> 税金等調整前当期純利益
> 法人税，住民税及び事業税
> 法人税等調整額
> 法人税等合計
> 当期純利益
> 非支配株主に帰属する当期純利益
> 親会社株主に帰属する当期純利益

このうち，「税金等調整前当期純利益」を「税引前当期利益」として計算する。総資本税引前当期利益率の計算方法は，以下のとおりである。

> 総資本税引前当期利益率(%) =（税引前当期純利益
> ÷ 期首・期末平均負債純資産合計）× 100

また，1995年から2016年の倒産企業群及び継続企業群における総資本税引前当期利益率の平均値は表5-5，同比率の倒産企業群と継続企業群の分布は図5-3，時系列変化のグラフは図4-25のとおりである。

「総資本税引前当期利益率」の分布をみると，倒産企業群（bグループ）では，

表5-5：総資本税引前当期利益率の平均値

倒産企業群	−0.02028 %
継続企業群	2.52569 %
倒産傾向	減少

図5-3：総資本税引前当期利益率の分布

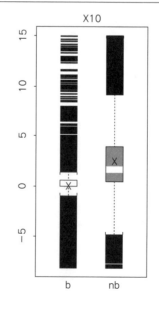

一定の範囲に企業がおさまっておらず（中心のボックスが狭くなっている）値の低い方に裾野が広く分布していることがわかる。これに対し継続企業群では，おおよそ分布は固まっておりさらに非常に高い値をつける企業が多く存在することを示している（10％よりさらに高い値が多くのデータで占められており結果黒くなっている）。なお，中央値（ボックス内の白線），平均値（X印）のいずれも，両群のそれらは著しくかい離しており，この比率が2～3％を下回れば倒産の可能性が高くなることを示している。

指標その3：棚卸資産回転期間

在庫調整が景気指数として使用されることから，景気が悪いことにより「棚卸資産回転期間」の値が上昇するような印象を受ける。しかし，同業者の中でも景気悪化期間において「棚卸資産回転期間」が良好な企業があることから，一応に経済環境の変化によって同比率が悪化するとはいえない。逆に同比率が悪化することが景気悪化の兆候となっているともいえる。

経済環境にあわせ商品や製品の在庫調整を行うことは経営者に課せられた重要な使命である。在庫を多く持てばその分の事業資金が活用できなくなるからである。経済誇張期では，製品を作ればいくらでも売れる。一方今やそのような時代は過ぎ「予測と結果の差異を最小化」することが重要となっていることから，この比率が倒産判別に威力を発揮するようになったものと思われる。なお，この比率の倒産企業群と継続企業群における差に関する統計上の検定では，決して大きな値（有意な差）を示していない。またこの比率は倒産企業群，継続企業群ともに値の高い方に裾野が広い分布を持っていることがわかっている。ただし継続企業群に比べ倒産企業群では，平均値を過ぎたあたりから極端に大きな値をつける企業が多く存在し，倒産企業における販売予測の誤りによる在庫調整不足が表面化し倒産に至る，という道筋を読み取ることができる。

ちなみに，棚卸資産回転期間の算出には，「棚卸資産」と「売上高」という2つの財務数値を使用する。

① 棚卸資産

「棚卸資産」は，貸借対照表の「流動資産の部」に記載されている。ただし，企業によっては「棚卸資産」といった勘定科目が貸借対照表に掲載されておらず「商品・製品」「仕掛品・半製品」「原材料・貯蔵品」という勘定目名で記載されている場合がある。そのような場合には，「商品・製品」「仕掛品・半製品」「原材料・貯蔵品」を合算して「棚卸資産」とみなすこととなる。また，建設業における「未成工事支出金」などといった勘定についても「棚卸資産」に加算する。な

お，貸借対照表上の「棚卸資産」は期末日1日における在庫高を示している。したがって，年間の在庫高の推移を平準化するために，期首と期末の平均値を求める。

② 売上高

「売上高」は，損益計算書の最上部に記載されている。損益計算書上に記載された売上高は，当該企業の1年間にわたる売上高の合計額である。ちなみに，企業はなるべく短い期間で在庫を回転させることを目標に仕入（生産）調整を行っている。

なお，「棚卸資産回転期間」については，通常月単位で計算される。つまり1か月の売上高に対して何か月分の在庫が倉庫に眠っているかを計算するのである。したがって，損益計算書に記載された売上高を12分の1にすることで1か月の平均売上高を求めてから，「棚卸資産回転期間」の計算を行う。

棚卸資産回転期間の計算方法は，以下のとおりである。

棚卸資産回転期間（月） ＝ 期首期末平均棚卸資産 × 12 ÷ 売上高

また，1995年から2016年の倒産企業群及び継続企業群における棚卸資産回転期間の平均値は表5-6で示したとおりである。なお，同比率の倒産企業群と継

表5-6：棚卸資産回転期間の平均値

倒産企業群	1.57378か月
継続企業群	0.93191か月
倒産傾向	長期化

図5-4：棚卸資産回転期間の分布

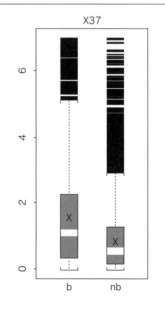

続企業群の分布は図5-4のとおりである。

　棚卸資産回転期間は最小値が「0」である。つまり在庫がない状態を指す。したがって分布の確認においては，上限を比較することとなる。なお箱ひげ図を見ると倒産企業群（bグループ）が，継続企業群（nbグループ）より値の高い方向へ分布していることが確認できる。しかも，倒産企業群では，破線でしめされた領域が5か月近くまで延びており，継続企業群の分布よりも倍近く長い。つまり倒産企業群では棚卸資産回転期間が5か月程度の企業も相応に存在することを意味している。また，平均値のみならず白線で示された中央値を比較しても両群の差異が明確に認められる。

　なお，サービス業などにおいては棚卸資産がもともとない業種がある。そのような業種では，当然に棚卸資産をかかえる企業よりも経営上のリスクは少ないこととなり，よって本指標はゼロとして計算されることとなる。

指標その4：売上高金利負担率

　「売上高金利負担率」は，ほぼゼロ金利となった1996年ごろから倒産企業群と継続企業群の差異が顕著となっている。倒産企業群は，ゼロ金利の環境下においても売上高金利負担率は横ばい（もしくは若干上昇傾向）を見せているのに対し，継続企業群では金利水準に沿って同指標も低下傾向を示している。このことからより両群の差異が広がり，倒産判別に有意な差を見せている。低金利は本来どのような企業においても有利に作用するはずである。しかし，そのような外的要因をうまく取り込むことができないところに，バブル経済崩壊以降の倒産企業の特徴が現れているともいえよう。

　なお，企業が経営難に陥れば信用力の低下とともに，低利での借入れは困難となる。もしくは銀行などからの貸し渋りにあい，やむなく高利の資金にも手を出さざるを得なくなる。特にわが国では手形による取引が一般化していることから，銀行で割引を断られた手形は，市中の金融業者において高利で割り引かれることとなる。つまり，金利負担率の意味するところは企業の信用力の低下や，資金繰りの悪化など様々な面に及ぶものと思われる。

　ちなみに，「売上高金利負担率」の算出には，損益計算書に記載されている，「売上高」勘定と，やはり損益計算書の記載されている営業外費用項目の中の「支払利息，社債利息」及び「手形売却損」を使用する。

① 売上高

　「売上高」は，損益計算書の最上部に記載されている金額をそのまま利用する。

② 支払利息

「支払利息」は損益計算書の「Ⅴ　営業外費用」項目に記載されている。また数年前までの企業が公表する損益計算書では「利子割引料」という勘定名で使用されていた。平成13年までは手形の割引に係る手数料を「手形割引料」と呼んでいたからである。さらには，「支払利息」に「社債利息」が別に記載されている場合は，両者を合算して「支払利息」とみなす必要がある。また「手形売却損」が計上されている場合には，手形売却損も支払利息とみなす必要があることから，合算することを忘れてはならない。

売上高金利負担率の計算方法は，以下のとおりである。

$$売上高金利負担率(\%) = 支払利息 \div 売上高 \times 100$$

また，1995年から2016年の倒産企業群及び継続企業群における売上高金利負担率の平均値は表5-7，同比率の倒産企業群と継続企業群の分布は図5-5のとおりである。

売上高金利負担率も棚卸回転期間と同様最小値は「0」である。つまり借入れのない企業はこの比率は最下限のゼロであり，倒産の可能性が低い企業と判断される。倒産企業群（bグループ）と，継続企業群（nbグループ）の平均値及び分布

表5-7：売上高金利負担率の平均値

倒産企業群	2.11137 %
継続企業群	0.89792 %
倒産傾向	上昇

図5-5：売上高金利負担率の分布

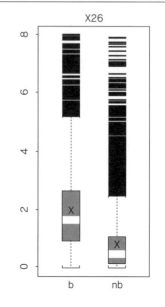

を確認すると，両群に顕著な差が認められる。継続企業群の中にも，高い比率をつける企業が見られるものの大方の継続企業群は2％以下に収まっていることが確認できる。

なお，企業の金利負担率を表す指標として，1999年に公表したSAFモデルでは「有利子負債平均金利負担率」（企業の借入金利水準を測る比率）が高い判別力を見せていたが，SAF2002では「売上高金利負担率」の方が倒産企業群と継続企業群との差異が大きなものとなっている。これは近年のゼロ金利時代では，借入金利の差が企業間で現れにくくなっていることによると思われる。つまり低金利という経済環境下において，「売上高金利負担率」が「有利子負債平均金利負担率」の代替として企業の金利負担率を表す指標として採用されたものと思われる。いずれにしても，わが国の企業倒産に金利負担率が大きく関わっていることに変わりがない。なお注意すべき点は，売上高金利負担率は低金利時代において倒産群と非倒産群の差異がさらに広がる傾向にある比率であることは第4章図4-6で確認したとおりである。よって今後，金利水準が上昇する時代においてもその差異が保たれているかどうかについては確認する必要がある。

3 倒産要因の分析

SAF2002に採用されている4つの比率は，企業経営者の①リスク意識（自己金融能力：総資本留保利益率），②経営能力（資本効率性：総資本税引前当期利益率），③マーケティング能力（在庫調整能力：棚卸資産回転期間），そして当該企業に対する④外部評価（企業信用力：売上高金利負担率）の4つ要素を含んだ比率群である。財務比率をこのような経営的側面から多面的に捉える方法はあまり見られない。しかし，財務数値は企業経営を投影しているものである。経営者のリスク意識が高まれば，おの

表5-8：SAF2002モデルに採用されている財務比率の変動要因

	会計的側面	経営的側面	変動誘引
総資本留保利益率	自己金融能力	リスク意識	経営者の意思決定（配当政策，投資戦略など）
総資本税引前当期利益率	資本効率	経営能力	経営者の経営能力（投下した資本の回収可能性の予測能力）
棚卸資産回転期間	資産効率	マーケティング能力	経営者のマーケティングに関わる能力（市場変動を読む力など）
売上高金利負担率	金融費用率	外部信用評価	上記3点に対する金融機関や投資家など外部の評価＋市場金利

ずと投資を控え内部留保を積み上げる行動が見られ，経営能力の高い経営者は資本を効率的に使う方法を考え出す。マーケティング戦略に卓越した企業は，時代の変化に取り残されることなく常に市場に新しい商品を送り出し確実にそれらを資金に換えていく力を持っている。さらには，これら3つの側面に対して外部から高い評価を受ける企業は，売上が増加するだけでなく低利の資金調達も可能となる。SAF2002モデルではAIによる機械学習アルゴリズムを使用して指標（財務比率）を抽出したことから，このように多面的な企業評価が可能となっている。

　財務数値を用いた分析手法では，企業の定性的側面を分析できないといわれているが，それは誤りである。財務数値こそ企業経営，特に経営者の経営能力を投影しているからである。また，倒産予知モデルの利用者は，単にモデルからはじき出された結果のみから「危ない」「安全だ」と判断する傾向にある。無論，倒産予知モデルの目的は，費用と時間をかけずに分析対象企業の与信力を評価しようとするものであるから「白」「黒」以外の結論は必要ないとの意見もあろう。しかし，企業は生き物であって常にその状態は変化を遂げている。したがって格付けのように「白」から「黒」へ至る「グレー」な時を推し量ることも，長期的観測の上では必要とされるものである。そのためには，モデルを構成する各財務比率が企業のどのような側面を反映しているのかを知り，その変化の状況を分析することが重要といえる。

　また，1点注意しなければならない点は，投資におけるリターンの測定と企業の経営能力（倒産可能性）の測定は必ずしも同義ではないという点である。企業に内在するリスクを計測し，内在するリスクがプラスに転化する可能性が大きいものであれば当該企業とのビジネスは安心して行うことができるであろうし，内在するリスクをマイナスに転化する可能性の高い因子が存在する場合には取引には注意が必要である。つまり，ビジネスにおける企業間取引は相対取引であるから，投資のようにいくつかの企業を組み合わせて評価するという考えが成り立たない。それだけに，個別要素の分析が重要となることを認識する必要がある。

　さらに，個別の財務比率がどのような要因によって変動するかを分析すると，その遠因に経営者の資質があることがわかる。「総資本税引前当期利益率」などは業種によってその平均値が異なるように思われがちだが，業種という要素よりも経営者の投下資本全体への管理能力によって，左右される比率であり，大きな業種間格差は見られない。したがって，中小企業向けの融資では，金融機関は経営者の資質を最も重視するともいわれている。ただし，あまりにも経営者の資質に注目しすぎると個人の個性に惑わされ，合理的，客観的な判断ができなくなるものである。そのため客観的に企業の財政状態を判断する手法として，倒産予知モデルが威力を発揮するのである。

SAF2002モデルは倒産企業において売上の低下（棚卸資産回転期間の長期化＝在庫増加）と収益性の低下（総資本税引前当期利益率）が同時に発生することを示している。その結果倒産企業における手持ち資金はますます減少し，経営を圧迫する状況に陥ることとなる。これに対しバブル経済崩壊直後の倒産企業を分析すると，買掛金に対する支払延長を求めたり，多額の資金調達を行うなど手持ち資金を増やそうとする傾向が映し出されていた。つまりバブル経済崩壊後数年までの企業は倒産に至る間際まで手持ち資金を増やし業績回復を図ろうとしている傾向が見られていた。

　実は，SAF2002モデルに採用された「棚卸資産回転期間」とバブル経済崩壊直後に倒産兆候の一つとされた「買入債務回転期間」との関係を見ると，一部のデータでは「棚卸資産回転期間」が良好な値を示している企業であっても，「買入債務回転期間」が悪化している場合には倒産に判別されるなど，両比率が倒産判別の代替比率となっていた。企業が仕入先に支払いの延長を依頼する状態（買入債務回転期間の長期化）は，相応の売上があるため在庫は滞留しておらず仕入を続ける必要があるが資金繰りが悪化している状況を表し，在庫が増加する状態（棚卸資産回転期間が長期化）は売上が伸びずに在庫が滞留することにより資金繰りが苦しくなる状況を表している。ただし，売上が伸びないといった理由で在庫が滞留するわけではなく，売れ筋商品への展開が図れない，売上に対する在庫調整が行われないなど好景気時代から脱しきれない経営者の管理能力の欠如が根本にあるものと思われる。この点がバブル経済崩壊以降の成功企業と破綻企業の差を象徴しているものと思われる。なお2016年における継続企業群の棚卸資産回転期間は平均値で0.83か月，中央値で0.44か月と非常に短くなっている。

　そこで，SAF2002モデルによって示された倒産企業の倒産直前の企業行動パターンを明らかにした。表5-9のとおりである。

　前述のとおり経営者が，自らの努力で経営内容を健全化していくためには，まず棚卸資産（商品・製品，仕掛品，貯蔵品なども含む）を適正水準に確保することが重要な鍵となっていることがわかる。製品別の売上をこまめに分析し，1か月，3か月，6か月の販売予測を立て，予測に見合った在庫量となるように生産，仕入れの調整を行うことである。また予測と実績の差異を迅速に分析し，市場の変化を敏感に感じとる必要がある。

　流動資産は多いほうが健全であるなどといった誤った認識から，在庫量の増加を汲み取ることができない場合がある。資産として計上されていながら資金流動性の低い資産の計上とその多寡に注目し，これを減少させる経営が求められている。

表 5-9：倒産企業のパターン

```
┌─────────────────────────────────────────────────────────────┐
│ 経営者の販売予測誤り，生産計画ミス，在庫管理の不徹底により　　　　│
│ 商品・製品在庫が増加し仕入れが滞る（棚卸資産回転期間の上昇）　　│
└─────────────────────────────────────────────────────────────┘
```

```
┌─────────────────────────────────────────────────────────────┐
│ 信用不安が広がる                                              │
└─────────────────────────────────────────────────────────────┘
```

```
┌─────────────────────────────────────────────────────────────┐
│ 低利での資金調達困難に（売上高金利負担率の上昇＝営業外費用の増大）│
└─────────────────────────────────────────────────────────────┘
```

```
┌─────────────────────────────────────────────────────────────┐
│ 売上減少，費用増大により利益率が低下（総資本税引前当期利益率の低下）│
└─────────────────────────────────────────────────────────────┘
```

```
┌─────────────────────────────────────────────────────────────┐
│ その結果資本を減少させることとなり，自己金融能力がほとんどない状態に陥る│
│ （総資本留保利益の低下）                                      │
└─────────────────────────────────────────────────────────────┘
```

4　倒産予知モデルの構築と判別点

　最終的に，AIにおける機械学習アルゴリズムを用いて抽出された4つの財務比率を用いて多変量判別関数モデルによる倒産予知モデルを構築した。なお，これまでに示した4つの比率は，あくまで組み合せて使用することで企業の破綻兆候を浮き彫りにすることができるものであって，個別に財務分析に使用することを目的としたものではない。あたかも4つの比率のおのおのの要素だけを抜き出し1つの指標に仕立て上げ，企業のあらゆる側面を1つの値で示そうとするものが多変量判別関数モデルである。

　なお，財務数値を用いて企業を評価したり，さらに企業格付けに応用できる数理モデルにはさまざまな種類のモデルが存在する。一見単純な線形モデル，ファイナンスでよく用いられるロジットモデルやノーマルカーネルモデルなど様々である。これに対して，利用者は複雑なモデルよりは，シンプルでも確実に企業を評価できる「モデル」を求めている。ここで注意を喚起しておきたい点は，モデルのタイプによって企業の評価能力や倒産の判別力に差が生じるのではなく，どのような指標（財務比率）を組み合わせてモデルを構築するかによって判別力は決まってくるという点である。実際に多くの種類のモデルを検討してみても，予知能力の差はモデルのタイプではほとんど生じなかった。そこで，誰でもが簡単に利用することができ，かつその結果に対する判断が容易な線形判別モデルを構築することとした。一見複雑な数理モデルの方が予測力高いかのごとくに誤解する向きがあるが，確実に

倒産兆候を表す指標を用いたモデルを構築すれば，単純なモデルでも複雑なモデルでも同様の結果を得ることができる。

構築したSAF2002モデル式は，式1のとおりである。

$$\text{SAF値} = 0.01036X1 + 0.02682X2 - 0.06610X3 - 0.02368X4 + 0.70773 \quad \cdots\cdots\text{式1}$$

この式のX1からX4に以下の財務比率を代入し，計算結果SAF値を求めることで倒産予知及び企業格付けが可能となる。

X1 総資本留保利益率
X2 総資本税引前当期利益率
X3 棚卸資産回転期間
X4 売上高金利負担率

ただしSAF値を求めたとしても，算出した値についての評価方法が与えられていないため，その結果をどのように評価したらよいかわからない。また他の企業はだいたいどの程度の値をつけるのかも不明である。そこで，モデル構築に用いたサンプルデータ全件についてSAF値を求めた。結果は，図5-6のとおりであった。

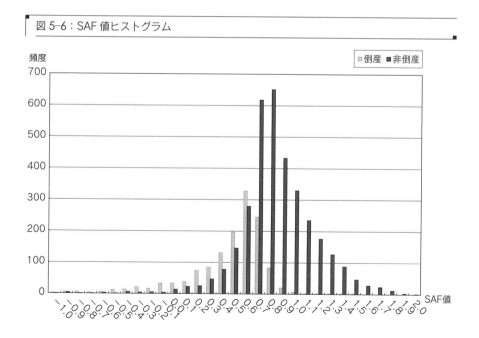

図5-6：SAF値ヒストグラム

図5-6で確認できるとおり，おおよそ0.6から0.7あたりに判別点を設定すれば，倒産企業群と継続企業群を相応に分割することができることがわかる。また，さらに詳細に調べるとSAFモデル開発に用いた倒産企業データ1,053件については99％の企業が0.9以下のSAF値をつけていた。なお，0.9より高いSAF値をつけた倒産企業は14件あり，その最高値は1.4であった。ただしこれらは倒産企業の明らかな外れ値と見られる。これに対し継続企業では31％以上が0.9より高いSAF値をつけていた。したがって0.9より高い企業には倒産企業はほとんどないといえよう。

また，判別点については，1つに決定しどのような業種，規模においても同一の判別点を用いることも考え得るが，より細かい分析が可能となるように業種別，また企業規模ごとに判別点を求めることとした。SAF2002モデルは，どのような業種，また規模の企業に対しても相応に倒産を予知できることが確認されている。ただし，その他の業種の中には「棚卸資産」のないサービス業などもあり，よってそれらの業種では財務構成が異なることから，各業種及び規模別に判別点を検討することとした。

まず，データを業種に分け判別点を0.5から0.8に設定した場合の各業種別の誤判別率を求めた。図5-7のとおりである。

図5-7で示された各判別点における業種別誤判別率を見ると，その他の業種は明らかに誤判別率が高いことがわかる。このことは，業種別判別力の差を統計的に分析した結果でも明らかとなっている。また業種によって最適な判別点に相違があり，その点はおおよそ0.6から0.75の間にあることがわかる。そこで業種別に判別点0.6から0.75の間における倒産企業群，継続企業群の誤判別率を観察した。その結果，製造業は「0.64」卸・小売業は「0.73」，サービス業を含むその他の業種は「0.66」が最適判別点となった。

判別点は高ければ高いほど倒産企業群の誤判別率が低くなり倒産判別に威力を発揮するが，逆に継続企業群の判別力は下がることとなる。なお分析結果を見ると，製造業は低いSAF値で倒産する企業が多く，倒産企業でありながら高いSAF値をつける企業はあまりなかった。これに対し，その他の業種は倒産企業でありながら0.73以上の高いSAF値をつける倒産が倒産企業全体の22.11％もあった。また，製造業における最適点である判別点「0.64」では「卸・小売」業及び「その他」の業種では倒産企業群の判別力の方が継続企業群の判別力よりも劣っていた。そこで「卸・小売」業及び「その他」の業種において倒産企業群の判別力が継続企業群の判別力を上回り倒産企業群，継続企業群において相応の判別力を示す点を探した結果，「0.69」及び「0.70」であった。そこで，最終的には倒産企業群に対して相応

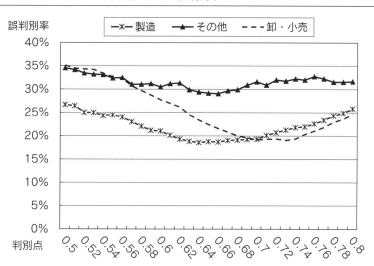

図 5-7：各判別点における業種別データの誤判別率

表 5-10：業種別判別点と誤判別率

業種	判別点	誤判別率（％）		
		倒産群	非倒産群	平均
製造	0.64	14.05	23.10	18.58
卸・小売	0.70	17.83	20.52	19.18
その他	0.71	25.96	35.83	30.90

の判別力を得ることができる判別点を採用することとし，製造業では「0.64」，卸・小売業では「0.70」，その他の業種では「0.71」を判別点とすることが適正と判断した。

最終的に決定した業種ごとの判別点と誤判別力は表 5-10 のとおりである。

なお，平均誤判別率で比較すれば「その他」の業種に対する判別力が弱いといえるが，倒産群における判別力は，一番低い「その他」の業種においても 74 ％以上が確保されていることから，これらの判別点を用いて判別すれば SAF2002 モデルは十分に「その他」の業種においても情報利用者の意思決定に資する情報を提供し得るといえよう。

次に，企業規模に対する各判別点における誤判別率を求めた。図 5-8 のとおりである。なお，ここでは企業規模は総資産額で分類している。

図 5-8：各判別点における総資産規模別データの誤判別率

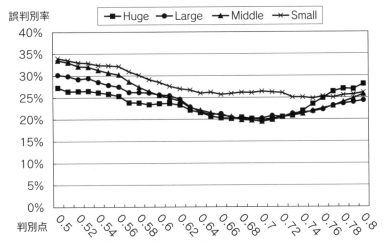

注：Huge＝100億円以上　Large＝50億円以上100億円未満
　　Middle＝10億円以上50億円未満　Small＝10億円未満

　図 5-8 で示された各判別点における規模別誤判別率を見ると，総資産規模 10 億円未満の弱小企業に対する判別力が他の規模の企業に比べて低いことがわかる。このことは，統計的に分析した結果でも明らかとなっている点である。なお，どの企業規模においても倒産企業群，継続企業群の誤判別率平均が最も低くなる判別点はおおよそ 0.60 から 0.75 の間にあることがわかった。そこで各判別点における倒産企業群，継続企業群の誤判別率を観察した。

　その結果，総資産額 100 億円以上の企業，及び総資産額 10 億円以上 50 億円未満の企業は判別点「0.70」において最も誤判別率が低くなっている。また総資産額 50 億円以上 100 億円未満の企業は，各分析に用いた判別点「0.68」が最も誤判別率が低い点となっていた。ただし同群における判別点「0.68」では倒産企業群の誤判別率が継続企業群の判別率を上回り，かつ倒産企業群の判別力は 80 ％を下回っている。そこで，同群において適正な判別力を得られる点を探したところ「0.70」が倒産企業群，継続企業群とも相応の判別力を示していると判断された。さらには，最も判別力が弱い総資産額 10 億円未満の弱小企業については平均値では判別点「0.75」が最も誤判別が低い点であった。ただし，この「0.75」という判別点では継続企業の誤判別率が 40 ％を超え，倒産しないにもかかわらず「倒産」と判別されてしまう企業が 4 割以上もあることを示している。このような場合平均誤判別率が低い判別点を選ぶより，倒産企業群と継続企業群の判別力が相応に得られる点

表 5-11：総資産規模別判別点と誤判別率

総資産規模	判別点	誤判別率 (%)		
		倒産群	非倒産群	平均
100 億〜	0.70	12.23	27.57	19.90
50 億〜100 億	0.70	17.60	22.84	20.22
10 億〜50 億	0.70	13.59	25.38	19.49
〜10 億円	0.70	18.96	33.88	26.42

を求めることの方が適切な倒産判別を可能ならしめると思われる。このような視点から総資産額 10 億円未満の企業における判別点は「0.70」が妥当な点と判断された。この結果偶然にもどの業種においても判別点「0.70」が最適点となった。一方、総資産規模 10 億円未満の企業については、倒産していないにもかかわらず倒産企業並みの財務数値を見せる企業 33.88 ％含まれることとなった。

最終的に決定した総資産規模ごとの判別点と誤判別力は表 5-11 のとおりである。

なお、業種や規模別に判別点を決定したとしても、企業は業種と規模の組み合わせであるから、両方を満足する判別点を決定する必要がある。そこで判別点は高いが保守的に倒産を予知することから、組み合わせた業種と規模について、判別点の高い方を採用することとした。業種と規模を考慮した最終判別点及び判断基準は次のとおりである。

なお、年代によってしきい値に変動があるのではないか、またオリジナルのモデルを構築した年からすでに 15 年が経過していることから現代の企業には適応できないのではないかとの意見が聞かれる。しかしモデルの頑健性は毎年新しいデータで確認しており、本書における検証においても SAF2002 モデルは現在でも十分に企業の倒産予知に適応可能であることが確認されている。よってしきい値についても大きく改訂の必要はないと考えられる。なお 2000 年から 2016 年までの非上場企業、上場企業の SAF2002 モデルによる分布については本章後述の図 5-10 及び図 5-11 を参照されたい。

① 以下の表から業種と規模のカテゴリーを選択し，その項目にある値を判別点とする。
② SAF2002 式で求められた値と判別点とを比較し倒産，継続を判断する。

　　　　SAF 値 ＜ 判別点 …………………… 倒産可能性大
　　　　1.2 ＞ SAF 値 ＞ 判別点 ……… 要注意ゾーン
　　　　1.55 ＞ SAF 値 ＞ 1.2 ………… 安全ゾーン
　　　　SAF 値 ＞ 1.55 …………………… 優良ゾーン

判別点一覧表

製造業				卸・小売業				その他			
H	L	M	S	H	L	M	S	H	L	M	S
0.70	0.70	0.70	0.70	0.70	0.70	0.70	0.70	0.71	0.71	0.71	0.71

注：Huge＝100 億円以上　Large＝50 億円未満 100 億円以上
　　Middle＝10 億円以上 50 億円未満　Small＝10 億円未満

第2節　倒産予知モデルによる企業分析の実践

　本節では実際に企業の財務データを SAF2002 モデルで用いられている財務指標を算出した上で，モデルに当てはめ分析対象企業の安全性の評価を試みる。サンプルとして，製造業の中でもテレビコマーシャルなどでのイメージ戦略で競いあっている化粧品メーカ(株)コーセー（以下，コーセーと呼ぶ）及び(株)資生堂（以下，資生堂と呼ぶ）を用いることとした。両社は国内での化粧品販売だけでなく，海外へも販売を広げているグローバル企業である。

1　財務指標の算出

　両社の有価証券報告書記載の貸借対照表，損益計算書は，次のとおりである。なお，ここでは個別財務諸表を用いることとした。なぜなら，わが国では決算日における剰余金の額（配当可能額）を算出する際には，個別財務諸表を元に計算をすることとなっているからである（会社法 446 条 2~7 号）。

第 5 章　倒産予知モデルの開発と格付けの実践

コーセー【貸借対照表】

(単位：百万円)

	前事業年度 (平成 29 年 3 月 31 日)	当事業年度 (平成 30 年 3 月 31 日)
資産の部		
流動資産		
現金及び預金	12,487	13,271
受取手形及び売掛金	17,937	24,046
有価証券	12,672	8,274
商品及び製品	⑦a　7,463	⑦b　8,626
仕掛品	⑦a　830	⑦b　1,061
原材料及び貯蔵品	⑦a　7,619	⑦b　10,476
繰延税金資産	1,849	2,031
短期貸付金	8,088	2,903
その他	2,157	2,481
貸倒引当金	△128	△82
流動資産合計	70,977	73,091
固定資産		
有形固定資産		
建物	11,811	11,797
構築物	483	465
機械装置及び運搬具	2,652	3,036
工具，器具及び備品	2,153	2,569
土地	11,454	10,488
建設仮勘定	709	1,752
有形固定資産合計	29,265	30,108
無形固定資産		
ソフトウエア	850	739
その他	594	519
無形固定資産合計	1,445	1,258
投資その他の資産		
投資有価証券	6,255	9,427
関係会社株式	21,405	27,069
長期貸付金	1,210	5,992
長期未収入金	591	602
差入保証金	1,061	1,039
繰延税金資産	2,244	1,399
その他	282	248
貸倒引当金	△1,963	△1,886
投資その他の資産合計	31,087	43,892
固定資産合計	61,798	75,260
資産合計	132,775	148,351

133

(単位:百万円)

		前事業年度 (平成29年3月31日)		当事業年度 (平成30年3月31日)
負債の部				
流動負債				
支払手形		1,383		1,525
買掛金		3,291		4,852
電子記録債務		8,216		10,888
未払金		5,772		7,407
未払費用		3,978		3,865
未払法人税等		503		1,483
預り金		7,895		6,847
返品調整引当金		759		850
その他		418		960
流動負債合計		32,219		38,681
固定負債				
退職給付引当金		5,620		4,786
役員退職慰労引当金		696		791
その他		563		568
固定負債合計		6,880		6,147
負債合計		39,099		44,828
純資産の部				
株主資本				
資本金	③a	4,848	③b	4,848
資本剰余金				
資本準備金		6,390		6,390
その他資本剰余金		0		0
資本剰余金合計	④a	6,390	④b	6,390
利益剰余金				
利益準備金		774		774
その他利益剰余金				
買換資産圧縮積立金		294		292
別途積立金		62,907		62,907
繰越利益剰余金		26,239		33,948
利益剰余金合計		90,216		97,922
自己株式	⑤a	△9,093	⑤b	△9,098
株主資本合計		92,362		100,063
評価・換算差額等				
その他有価証券評価差額金		1,313		3,459
評価・換算差額等合計		1,313		3,459
純資産合計	②a	93,676	②b	103,522
負債純資産合計	①a	132,775	①b	148,351

134

第 5 章　倒産予知モデルの開発と格付けの実践

コーセー【損益計算書】

(単位：百万円)

	前事業年度 (自　平成 28 年 4 月 1 日 至　平成 29 年 3 月 31 日)	当事業年度 (自　平成 29 年 4 月 1 日 至　平成 30 年 3 月 31 日)
売上高	120,516	⑧a　135,893
売上原価	46,527	55,541
売上総利益	73,989	80,352
販売費及び一般管理費	65,668	68,870
営業利益	8,320	11,481
営業外収益		
受取利息	155	254
有価証券利息	31	7
受取配当金	6,318	8,804
有価証券償還益	—	4
為替差益	58	—
貸倒引当金戻入額	40	122
その他	150	127
営業外収益合計	6,755	9,322
営業外費用		
支払利息	14	⑨　3
為替差損	—	748
有価証券償還損	5	—
その他	36	30
営業外費用合計	57	781
経常利益	15,017	20,021
特別利益		
固定資産売却益	164	31
関係会社株式売却益	—	123
特別利益合計	164	155
特別損失		
固定資産処分損	161	92
関係会社株式評価損	1,652	1,401
減損損失	21	963
その他	—	4
特別損失合計	1,835	2,463
税引前当期純利益	13,346	⑪　17,714
法人税，住民税及び事業税	2,154	3,105
法人税等調整額	1,121	△284
法人税等合計	3,276	2,821
当期純利益	10,070	14,893

135

資生堂【貸借対照表】

(単位：百万円)

	前事業年度 (2016年12月31日)	当事業年度 (2017年12月31日)
資産の部		
流動資産		
現金及び預金	31,391	33,956
受取手形	238	141
売掛金	71,044	63,829
有価証券	6,000	6,000
商品及び製品	⑦a　11,060	⑦b　12,243
仕掛品	⑦a　2,819	⑦b　3,352
原材料及び貯蔵品	⑦a　12,660	⑦b　16,265
前払費用	1,612	2,335
短期貸付金	680	276
未収入金	17,105	37,888
繰延税金資産	3,600	5,041
その他	1,472	5,494
貸倒引当金	△35	―
流動資産合計	159,651	186,823
固定資産		
有形固定資産		
建物	19,453	21,840
構築物	539	716
機械及び装置	4,633	8,985
車両運搬具	47	54
工具，器具及び備品	5,280	5,912
土地	27,019	28,228
リース資産	2,011	1,832
建設仮勘定	14,624	15,404
有形固定資産合計	73,610	82,976
無形固定資産		
特許権	22	11
電話加入権	124	124
ソフトウエア	4,705	6,004
ソフトウエア仮勘定	703	1,194
リース資産	205	147
その他	1,861	1,652
無形固定資産合計	7,622	9,135
投資その他の資産		
投資有価証券	20,358	21,254
関係会社株式	313,287	239,431
その他の関係会社有価証券	18,786	17,631
出資金	736	509
関係会社出資金	11,816	11,816
長期貸付金	3,195	2,128
前払年金費用	5,683	4,557
長期前払費用	500	853
繰延税金資産	1,958	1,066
その他	4,550	4,553
貸倒引当金	△776	△150
投資その他の資産合計	380,099	303,653
固定資産合計	461,332	395,765
資産合計	620,984	582,589

(単位：百万円)

	前事業年度 (2016年12月31日)		当事業年度 (2017年12月31日)	
負債の部				
流動負債				
支払手形		9,861		1,275
電子記録債務		23,804		29,319
買掛金		11,460		12,405
1年内返済予定の長期借入金		2,500		—
リース債務		1,067		1,014
未払金		16,259		19,583
未払費用		469		678
未払法人税等		—		13,979
預り金		1,391		1,469
関係会社預り金		48,604		92,232
返品調整引当金		2,912		2,704
賞与引当金		3,234		4,040
役員賞与引当金		99		119
その他		596		319
流動負債合計		122,261		179,142
固定負債				
社債		40,000		40,000
長期借入金		42,500		10,000
リース債務		1,190		1,004
退職給付引当金		15,775		15,906
債務保証損失引当金		390		350
環境対策引当金		310		195
資産除去債務		689		694
その他		547		630
固定負債合計		101,403		68,781
負債合計		223,665		247,924
純資産の部				
株主資本				
資本金	③a	64,506	③b	64,506
資本剰余金				
資本準備金		70,258		70,258
その他資本剰余金		12		55
資本剰余金合計	④a	70,270	④b	70,313
利益剰余金				
利益準備金		16,230		16,230
その他利益剰余金				
固定資産圧縮積立金		3,574		3,574
固定資産圧縮特別勘定積立金		544		544
繰越利益剰余金		235,825		171,579
利益剰余金合計		256,175		191,929
自己株式	⑤a	△1,325	⑤b	△874
株主資本合計		389,627		325,875
評価・換算差額等				
その他有価証券評価差額金		6,872		7,916
評価・換算差額等合計		6,872		7,916
新株予約権	⑥a	818	⑥b	874
純資産合計	②a	397,318	②b	334,665
負債純資産合計	①a	620,984	①b	582,589

資生堂【損益計算書】

(単位:百万円)

	前事業年度 (自 2016年1月1日 至 2016年12月31日)	当事業年度 (自 2017年1月1日 至 2017年12月31日)
売上高	202,774	⑧a 220,407
売上原価	127,973	139,096
売上総利益	74,800	81,310
販売費及び一般管理費	67,832	73,426
営業利益	6,968	7,883
営業外収益		
受取利息	93	86
受取配当金	15,120	12,674
投資事業組合運用益	1,229	1,195
受取ロイヤリティー	3,328	1,704
その他	1,457	1,447
営業外収益合計	21,229	17,108
営業外費用		
支払利息	201	⑨ 150
社債利息	91	⑩ 91
貸倒引当金繰入額	35	150
投資事業組合運用損	18	12
為替差損	898	515
その他	485	293
営業外費用合計	1,729	1,214
経常利益	26,468	23,778
特別利益		
固定資産売却益	9,127	2,295
投資有価証券売却益	403	1,173
事業譲渡益	—	576
関係会社株式売却益	8,254	196
特別利益合計	17,784	4,242
特別損失		
固定資産処分損	127	271
関係会社株式評価損	—	75,748
投資有価証券売却損	0	27
投資有価証券評価損	21	—
商品自主回収関連費用	—	2,964
人事制度改編に伴う一時費用	—	130
関係会社整理損	—	61
構造改革費用	105	—
リース解約損	2	1
特別損失合計	257	79,205
税引前当期純利益又は税引前当期純損失(△)	43,995	⑪ △51,184
法人税,住民税及び事業税	3,250	5,271
法人税等調整額	2,939	△1,223
法人税等合計	6,189	4,047
当期純利益又は当期純損失(△)	37,805	△55,232

138

指標その1：総資本留保利益率の算出

総資本留保利益率は以下の式によって求めることができる。

> 総資本留保利益率 ＝（期首・期末平均（純資産合計 －（資本金＋資本剰余金＋自己株式＋新株予約権））÷ 期首・期末平均負債・資本合計）× 100

そこで，総資本留保利益率の計算に必要とされる各勘定の数値を，各社の財務諸表から抽出した。表5-11のとおりである。なお，各財務数値は，各社の貸借対照表，損益計算書上に①②…で表された勘定科目から抽出したものである。

総資本留保利益率は，(②－(③＋④＋⑤＋⑥))÷①×100 によって求めることが

表5-12：総資本留保利益率の構成データ

単位：百万円

	勘定	コーセー	資生堂	
負債純資産合計	期首	132,775	620,984	①a
	期末	148,351	582,589	①b
	期首・期末平均	140,563	601,787	①
純資産合計	期首	96,676	397,318	②a
	期末	103,522	334,665	②b
	期首・期末平均	100,099	365,992	②
資本金	期首	4,848	64,506	③a
	期末	4,848	64,506	③b
	期首・期末平均	4,848	64,506	③
資本剰余金	期首	6,390	70,270	④a
	期末	6,390	70,313	④b
	期首・期末平均	6,390	70,292	④
自己株式	期首	△9,093	△1,325	⑤a
	期末	△9,098	△874	⑤b
	期首・期末平均	△9,096	△1,100	⑤
新株予約権	期首	－－	818	⑥a
	期末	－－	874	⑥b
	期首・期末平均	－－	846	⑥

表 5-13：総資本留保利益率の算出

	コーセー	資生堂	
期首・期末平均負債純資産合計	140,563	601,787	①
期首・期末平均純資産	100,099	365,992	②
期首・期末平均資本金	4,848	64,506	③
期首・期末平均資本剰余金	6,390	70,292	④
期首・期末平均自己株式	△9,096	△1,100	⑤
期首・期末新株予約権	－－	846	⑥
総資本留保利益率（％）	69.68868	38.46007	

できる。結果は表5-13のとおりである。

なお，1995年から2016年の間の総資本留保利益率の平均値は，倒産企業群で0.77512％，継続企業群で17.67955％，中央値では倒産企業群で1.81998％，継続企業群では15.29369％であるから，コーセー，資生堂両社とも継続企業平均値をはるかに上回っており，安定的な状態であることがわかる。

指標その2：総資本税引前当期利益率の算出

総資本税引前当期利益率は以下の式によって求めることができる。

総資本税引前当期利益率 ＝（税引前当期利益 ÷ 期首・期末平均負債純資産合計）× 100

そこで，総資本税引前当期利益率の計算に必要とされる各勘定科目の数値を，各社の財務諸表から抽出した。表5-14のとおりである。

表 5-14：総資本税引前当期利益率の構成データ

単位：百万円

	勘定	コーセー	資生堂	
負債純資産合計	期首	132,775	620,984	①a
	期末	148,351	582,589	①b
	期首・期末平均	140,563	601,787	①
税金等調整前当期純利益（損失）		17,714	△51,184	⑪

第5章　倒産予知モデルの開発と格付けの実践

表 5-15：総資本税引前当期利益率の算出

	コーセー	資生堂	
期首・期末平均負債純資産合計	140,563	601,787	①
税金等調整前当期純利益（損失）	17,714	△51,184	⑪
総資本税引前当期利益率（％）	12.60218	△8.50534	

総資本税引前当期利益率は(⑪÷①)×100 によって求めることができる。結果は表 5-15 のとおりである。

なお，1995 年から 2016 年の間の総資本税引前当期利益率の平均値は，倒産企業群で△0.02028％，継続企業群で 2.52569％，中央値で倒産企業群は 0.22543％，継続企業群で 1.76060％であるから，コーセーは継続企業群の平均値，中央値に対してはるかに高い利益率をつけていることがわかる。一方資生堂は，税引前利益がマイナスであっため，総資本税引前当期利益率もマイナスとなっている。

指標その3：棚卸資産回転期間の算出

棚卸資産回転期間は以下の式によって求めることができる。

> 棚卸資産回転期間 ＝ 期首期末平均棚卸資産 × 12 ÷ 売上高

そこで，棚卸資産回転期間の計算に必要とされる各勘定科目の数値を，各社の財務諸表から抽出した。表 5-16 のとおりである。

棚卸資産回転期間は，(⑦×12)÷⑧（もしくは，⑦÷(⑧÷12)でも同義である）によって求めることができる。結果は表 5-17 のとおりである。

なお，1995 年から 2016 年の間の棚卸資産回転期間の平均値では倒産企業群で 1.57378 か月，継続企業群で 0.93191 か月，中央値で倒産企業群 1.13699 か月，継続企業群は 0.58314 か月であるから，コーセー，資生堂両社の在庫回転期間は，共に継続企業群の中央値よりは若干長いことが確認できる。ただし，同じ業界にある 2 社の棚卸資産回転期間がほぼ同じであることから，化粧品業界においては原材料の特殊性から，在庫を若干多く持つ傾向にあるのではないかと考えられる。

表 5-16：棚卸資産回転期間の構成データ

単位：百万円

	勘定	コーセー	資生堂	
棚卸資産	期首商品及び製品	7,463	11,060	⑦a
	期末商品及び製品	8,626	12,243	⑦b
	期首・期末商品及製品	8,045	11,652	⑦1
	期首仕掛品	830	2,819	⑦a
	期末仕掛品	1,061	3,352	⑦b
	期首・期末平均仕掛品	946	3,086	⑦2
	期首原材料及び貯蔵品	7,619	12,660	⑦a
	期末原材料及び貯蔵品	10,476	16,265	⑦b
	期首・期末平均	9,048	14,463	⑦3
	期首・期末平均棚卸資産合計	18,038	29,200	⑦
売上高		135,893	220,407	⑧

表 5-17：棚卸資産回転期間の算出

	コーセー	資生堂	
期首・期末平均棚卸資産	18,038	29,200	⑦
売上高	135,893	220,407	⑧
棚卸資産回転期間（月）	1.59280	1.58976	

指標その4：売上高金利負担率の算出

売上高金利負担率は，以下の式によって求めることができる。

売上高金利負担率 ＝ 支払利息 ＋ 社債利息 ＋ 手形売却損 ÷ 売上高 × 100

そこで，売上高金利負担率の計算に必要とされる各勘定の数値を，各社の財務諸表から抽出し売上高金利負担率を求めた（((⑨＋⑩)÷⑧)×100。結果は表 5-18 のとおりである。

なお，1995年から2016年の間の売上高金利負担率の平均値は倒産企業群で 2.11137 %，継続企業群で 0.89792 %，倒産企業群中央値で 1.76365 %，継続企業群中央値は 0.54151 %であるから，コーセー，資生堂とも売上高金利負担率は非

表5-18:売上高金利負担率の構成データ

単位:百万円

	勘定	コーセー	資生堂	
売上高	—	135,893	220,407	⑧
支払利息	—	3	150	⑨
社債利息	—	0	91	⑩
手形売却損	—	0	0	
売上高金利負担率(%)		0.00221	0.10934	

常に低いことがわかる。これは両社の信用力が高いことに起因しているが、さらにコーセーについては借入れがほとんどないことが理由である。一方資生堂は2017年12月31日現在、長期借入、及び社債発行による資金調達残額が合計で500億円あることが確認できる。

2　SAF値の算出と結果の評価

そこで、コーセー、資生堂の2社について、SAF値を求めることとする。倒産予知モデルに利用する財務比率の各社の値は表5-19のとおり、SAF値を求めるSAF2002モデル式は次のとおりである。

$$\text{SAF値} = 0.01036X1 + 0.02682X2 - 0.06610X3 - 0.02368X4 + 0.70773 \quad \cdots\cdots\text{式1}$$

これらの値をSAFA2002式に当てはめ、各社のSAF値を計算した。結果は以下のとおりであった。

表5-19:コーセー・資生堂　SAF値

	旧変数		コーセー	資生堂
X1	X7	総資本留保利益率	69.68868	38.46007
X2	X10	総資本税引前当期利益率	12.60218	△8.50534
X3	X37	棚卸資産回転期間	1.59280	1.58976
X4	X26	売上高金利負担率	0.00221	0.10934

143

コーセー SAF 値 ＝ （0.01036×69.68868）＋（0.02682×12.60218）
　　　　　　　　－（0.06610×1.59280）－（0.02368×0.00221）
　　　　　　　　＋ 0.70773 ＝ 1.66236

資生堂 SAF 値 ＝ （0.01036×38.46007）＋（0.02682×△8.50534）
　　　　　　　　－（0.06610×1.58976）－（0.02368×0.10934）
　　　　　　　　＋ 0.70773 ＝ 0.77039

　この2社は製造業に含まれることから，判別点は規模にかかわらず0.7となる。2017年のコーセーと資生堂は，それぞれ「1.66236」，「0.77039」のSAF値をつけており，両社とも倒産判別ラインよりは高い値を付けていることが確認できる。なお，資生堂のSAF値が低い原因は，「関係会社株式評価損」の計上による税引前当期純損失によるものである。ただし，留保利益は相応に確保されており，あくまで単年度の損失計上によるSAF値の下落は，容易に回復できるものと判断できよう。

　なお前述のとおり，ここでのSAF値の算出は個別財務指標から求めたものである。そこで，連結財務指標におけるSAF値を算出し，両社のリーマンショック前2004年のSAF値と比較した。結果は，表5-20のとおりである。

　連結ベースでのSAF値を観察すると，コーセーは2004年時点で「1.36795」で

表5-20：連結財務諸表によるコーセー・資生堂SAF値（2004年対2017年比較）

		旧変数		コーセー	資生堂
2004年（連結）	X1	X7	総資本留保利益率	42.06484	35.53801
	X2	X10	総資本税引前当期利益率	11.60166	8.17512
	X3	X37	棚卸資産回転期間	1.27477	1.26938
	X4	X26	売上高金利負担率	0.10396	0.38254
			SAF値	1.36795	1.20219
2017年（連結）	X1	X7	総資本留保利益率	69.33257	31.29397
	X2	X10	総資本税引前当期利益率	18.59983	4.09285
	X3	X37	棚卸資産回転期間	1.62192	1.46633
	X4	X26	売上高金利負担率	0.00165	0.23611
			SAF値	1.81762	1.03919

あった SAF 値が 2017 年には「1.81762」まで上昇している。一方同期間の資生堂の SAF 値を観察すると,「1.20219」から「1.03919」へ下落していた。これは,総資本留保利益率及び総資本税引前利益率の低下が原因となっていることが確認できる。このように SAF 値の変化を観察することで,誰でもが客観的に企業の業績を容易に評価することができることとなる。

第3節　倒産予知モデルによる格付けの実践

　倒産予知情報とは,「倒産」もしくは「非倒産」といった2値の判別にすぎないのだろうか。倒産可能性の分析は,単に取引を継続する,また取引を停止するといった2つに1つの判断を下すために行っているわけではない。格付けは債券を発行した企業にしか適用されない。これに対し倒産予知は,全ての事業会社を対象とした「低採算に甘んじる行動（取引）に対してブレーキを掛ける機能」そのものである。倒産可能性の高い企業と取引していることを知ることにより,当該取引先に対し売掛金の回収期間を短くする,又は,販売価格の見直しが必要となるであろう。また,倒産予知情報は,倒産可能性の低い企業の新規開拓が必要であることを経営者に認知させる機能も果たす。つまり,マーケティングにおけるプロダクト・ミックスや,投資におけるポートフォリオ・セレクションと同様に,各取引先企業の倒産可能性を把握することにより経営者に取引先ミックスを検討する機会を与えるものが倒産予知情報である。つまり,倒産予知は倒産のトリガーを引く目的で利用されるものではない。経営のリスク管理手法の一つと捉えるべきである。倒産予知モデルを用いて企業の格付けが可能であるなら,倒産予知モデルは与信管理のみならず投資意思決定などにも適用可能となりより広い利害関係者の意思決定に資することができるものとなる。

1　倒産予知モデルによる格付けの手順

　ここでは,これまでの解説をとおし倒産予知モデル（SAF2002 モデル）を十分に利用できるようになった読者が,SAF2002 モデルを利用して実際に企業を格付けする方法を解説し,さらに,格付けされた結果の解釈の指針を与えるものである。ちなみに格付機関の公表する格付けは,対象企業について次の各視点から綿密に調査され決定されている。

　　① 事業基盤
　　② 財務基盤
　　③ 対象債券

表 5-21：Moody's 及び S&P の格付説明変数

	Moody's		S&P	
	財務比率	相関係数	財務比率	相関係数
1	自己資本	0.72	有利子負債比率	−0.64
2	留保利益率	0.58	自己資本	0.63
3	有利子負債比率	−0.57	留保利益率	0.61
4	総キャピタリゼーション比率	−0.54	総キャピタリゼーション比率	−0.59
5	固定長期適合率	−0.48	自己資本比率	0.56
6	有利子負債/EBITDA	−0.48	固定長期適合率	−0.50
7	自己資本比率	0.47	有利子負債/EBITDA	−0.49

出所：みずほ証券，2001. Mizuho Securities Credit Commentary 01/11: 36

　そこで財務面ではどのような変数が格付機関の格付けに近似しているのであろうか（相関が高いか）。格付機関として歴史の長い Moody's と S&P の格付けと相関の高い財務比率は表 5-21 であることをみずほ証券が公表している。

　両格付機関の格付けに高い説明力をもつ財務比率の上位3比率については，ランキングは異なるものの，内容は同じものであった。またこの3比率のうち自己資本比率と留保利益率は相関の高い財務比率同士であり，また，有利子負債比率は一般的には自己資本比率との相関の高い比率である。つまり，このことは各格付機関の格付けが企業の安全性を示す自己金融能力に向けられていることを意味している。言い換えれば，自己資本が充実していることや留保利益の確保が十分になされている企業は高い格付けを得られるといえる。なお，SAF2002 モデルにおいて倒産判別に最も高く貢献している財務比率は総資本留保利益率である。SAF2002 モデルでは，高い総資本留保利益率を示す企業が，安定企業と評価されることとなる。つまりこれらのことから，SAF2002 モデルによる格付けを行えば Moody's や S&P とほぼ大差ない格付けが可能となることが期待される。

　なお，金融工学の分野において「格付けと財務比率との関係」についての分析が広く行われている。ただし，「格付けと財務比率とを直に結びつける考え方は格付けに対する理解を欠いている」との意見もある。無論格付けには債券の将来におけるリスクが折込済みであって，過去データによって構成される財務数値との関係を分析することは意味がないとの意見も理解できないものでもない。しかし，企業の業績発表と相まって当該企業の格付けが変更され，また不祥事などを起こした企業の債券格付けが何度も変更されるなど，将来のリスク評価は合理的データによって

裏打ちされたものではないことは明白である。格付けが短期間に見直しがなされている現実を見れば，1年後の倒産を予知する目的で開発されたSAF2002モデルを用いて企業をランキングし，そのランキングを元に擬似的に格付けを行った結果は，十分に利害関係者の意思決定に資する情報となり得るはずである。さらには，格付けの仕組みでは，格付けが低くなるほど倒産する企業の割合が高くなることから，倒産予知モデルが格付けに応用できることを示唆しているともいえる。

2　格付区分とSAF値

　SAF2002モデルを用いた企業格付けは，大きな母集団のみならず，小さな母集団の中における格付けを付す場合においても，格付け手順に変わりはない。ここでは非上場企業，及び上場企業を対象に，2000年から2016年までの各年別に格付けを行うこととする。なお，非上場企業の各年別データには企業の重複はなく，全ての年で異なった企業のデータについて分析されている。一方，上場企業については，市場に上場している企業の年ごとの入れ替えは少なく，結果多くの重複企業が含まれている。

　手順は以下のとおりである。

① 年代別企業の財務データのSAF値を求める。
② 求めたSAF値を高い順に並べる。
③ 並べたSAF値を図5-9の格付区分にしたがって分割し，区分ごとにAAからCまでの格付けを付す。

　主として上場企業及びそれに準じる企業が発行する債券，いわゆる公募債を対象としている格付けでは，その段階区分を最上位のAAAからCまでの9段階もしくはそれにDを加えた10段階の格付けを使用している。さらにこの9段階に加えAAからBまでの中間の各段階を3つの小区分としている場合が多いため，実際には全部で19段階ないし20段階となっている。また，S&Pグローバル・マーケット・インテリジェンス（以下，S&P）では日本リスク・データ・バンク(株)と共同で開発した日本SME格付け（Small Medium Entity格付け）として7段階の格付けを公表している。このSME格付けは，中堅・中小企業の債務履行能力を分析した上で格付けを行っているものであり，SAF格付けに非常に似た考え方のものである。なお，本書での取組みは企業に対する擬似格付けであり細かい格付区分は情報利用者の判断が困難になる恐れがあると判断し，5段階格付けを採用した。

　今回新たに分析の為に収集した2000年から2016年のサンプルデータのうち非

図 5-9：SAF 値による格付け方法

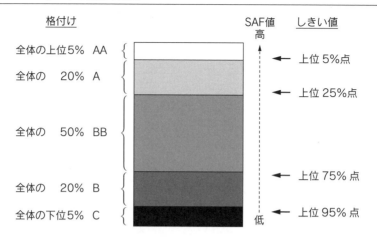

表 5-22：各格付区分におけるしきい値（年代別 SAF 値）

値	非上場企業				上場企業			
	95％点	75％点	25％点	5％点	95％点	75％点	25％点	5％点
年＼格付	C	B	BB	A	AA	C	B	BB	A	AA
2000	0.2988	0.687317	0.995054	1.353765	0.184633	0.66555187	1.096299	1.4632643
2001	0.153194	0.690852	1.053293	1.430174	0.192362	0.643298	1.106473	1.468629
2002	0.376313	0.722667	1.088679	1.431946	0.159772	0.620138	1.098434	1.473307
2003	0.180018	0.68242	1.080788	1.53076	0.210435	0.673804	1.13939	1.491039
2004	0.377914	0.705664	1.045131	1.452861	0.335946	0.742227	1.189348	1.545974
2005	0.333214	0.700263	1.129535	1.544021	0.360011	0.764035	1.21365	1.562622
2006	0.27072	0.723711	1.116852	1.592502	0.327091	0.782797	1.226057	1.601851
2007	0.279782	0.736692	1.137457	1.553608	0.293704	0.789974	1.238977	1.610184
2008	0.233046	0.740124	1.150211	1.634015	0.233301	0.764803	1.225115	1.590293
2009	0.249107	0.685815	1.116141	1.532469	−0.04267	0.663732	1.157845	1.5503
2010	0.233795	0.668432	1.130642	1.566981	0.088213	0.698966	1.191693	1.566246
2011	0.017029	0.700971	1.112006	1.508489	0.275983	0.741965	1.223993	1.561412
2012	0.054084	0.660933	1.204444	1.550996	0.210372	0.754055	1.240508	1.601376
2013	0.277913	0.75974	1.146998	1.513034	0.2983215	0.7821547	1.2613601	1.6163389
2014	0.146333	0.713839	1.221774	1.541485	0.385927	0.815051	1.287934	1.650331
2015	0.140188	0.721649	1.255521	1.6978	0.3359243	0.826852	1.3112471	1.6561913
2016	0.532365	0.756353	1.246286	1.597179	0.357546	0.828843	1.2946	1.624335

図 5-10：非上場企業：格付区分ごと年代別しきい値（2000 年～2016 年）

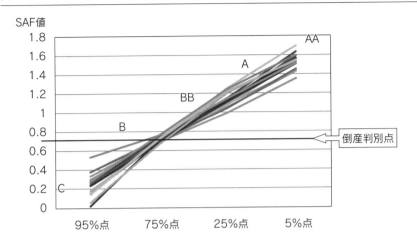

図 5-11：上場企業：格付区分ごと年代別しきい値（2000 年～2016 年）

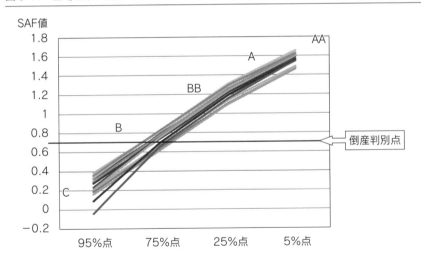

上場の継続企業 6,386 社（10 万社以上より系統抽出），及び同時期に上場していた 41,281 社について，各格付区分のしきい値（格付けの区分の分かれ目に相当する SAF 値）を年代別に求めた。結果は表 5-22 のとおりである。また，年代別しきい値をグラフで確認した。図 5-10，及び図 5-11 のとおりであった。

　結果を観察すると，経済環境の変化から，年代によってしきい値に若干の相違が見られるため，格付けに幅が見られる。しかし，非上場企業，及び上場企業の年代

別しきい値を比べた場合，どの年代も両群に極端に格差が見られない。なお，SAF2002 モデルが開発された当初から，本モデルが弱小の非上場企業から上場企業まで同様のしきい値と倒産判別点で企業の倒産を予知できるだけでなく，企業格付けも可能なことが確認されている。ただし，年代ごとにしきい値が若干上下することから，異なる年代における企業間比較には注意を要する。

ちなみに，表 5-22 で確認できるとおり格付けが高くなるほど，非上場企業のSAF 値と上場企業 SAF 値の差が小さくなっている。なお注意すべき点は，SAF 値が高い非上場企業が，必ずしも上場企業並みに規模が大きい，また売上高が高い企業とは限らないという点である。SAF モデルでは規模に影響される指標は含まれていないからである。

また格付しきい値では，どの年も SAF2002 モデルの倒産判別点である 0.7 は B 格付けと BB 格付けの間あたりに位置している。経済環境が大きく変動した 2000 年から 2016 年の 17 年間であっても B 以上の SAF 格付けには極端な変動は見られない。なお，2000 年から 2016 年までの間に倒産した非上場企業 3,179 社を調べたところ倒産判別点である，0.7 以上の SAF 値をつけていながら倒産した企業（誤判別企業）は 18.81 ％あったが，BB と A とのしきい値に当たる 1.10 以上の SAF 値をつけて倒産した企業はわずか 0.786 ％ （3,179 社中 25 社），さらに A と AA とのしきい値である 1.50 以上の SAF 値をつけながら倒産した企業は 0.346 ％ （11 社）のみであった。この結果は，SAF2002 モデルが開発された当初に使用されたデータにおける誤判別率とほぼ同じである。なお，企業倒産は様々な要因によって起こるものである。単純に財務数値だけでは判断できないとの意見が良く聞かれる。また非上場企業の監査証明のない財務諸表は信頼に足りないとの意見も多い。しかし，今回の検証においてもこのような非上場の財務数値を SAF2002 モデルに適用することのみで，相応に企業の倒産可能性の判別や格付けが可能なことが検証された。

3　サンプル企業の格付けの試み

そこで，サンプルとして分析に用いたコーセー，資生堂の格付けを確認する。両

表 5-23：コーセー及び資生堂の SAF 値による格付けの推移（連結）

年	コーセー	格付け	資生堂	格付け
2004 年	1.36795	A	1.20219	A
2017 年	1.81762	AA	1.03919	BB

者のSAF値は表5–23のとおりであった。なお，表5–22で示した格付けしきい値は2016年までのデータを用いたしきい値である。一方今回サンプル企業の分析に利用したデータは，資生堂の場合2017年12月期連結決算データ，コーセーの場合は2018年3月期連結決算のデータである。1期期ずれが生じているが，簡便的に入手データを基に分析，評価を行った。

両社の個別財務指標によるSAF値から格付けを観察するとコーセーについては，2017年に1.66236のSAF値をつけており，AA格付けと判断できる。一方，資生堂については，2017年に大きな純損失を計上していることから，この年のみSAF値が大幅に低い値をつけている。しかし，単体決算では2017年の総資本留保利益率は38.46007％と相応に高い値をつけていること，企業継続については，総資産留保利益の多寡が企業継続を左右する事から，経営には不安はないと評価できよう。

このように，SAF値を利用した企業評価及び格付けにおいては，SAF値のみならず，SAF2002モデルを構成する各指標の変化と比率の多寡を個別に観察することで，企業を総合的に判断することも大切である。

第4節　企業格付けの応用：ROEの推移による わが国企業の財務体質の実態解明

2014年8月に経済産業省から公表された『持続的成長への競争力とインセンティブ～企業と投資家の望ましい関係構築～』最終報告書では，他国と比較し，わが国のROEが低いことが指摘された。また2014年度の『生命保険協会アンケート調査結果』では，企業は「自社のROE水準に対して課題意識を持っている」と述べ「本来ROEは8％から10％が望ましい」と報告されている。さらに，日本証券取引所が2014年1月から公表を開始した「JPX日経インデックス400」スコアリングには，ROEが組み込まれるようになった。この「JPX日経インデックス400」は，投資家の意思決定を支援する情報として提供が開始されたものである。ちなみに，ROEは債務超過に陥った企業は算出できないなど，その他の財務指標と異なり非常に不安定な構造をもつ指標である。また，国による会計制度の相違により指標の構成要素である純資産の内容が異なることから，そもそもは，他国と比較するとも困難である。そこで本節では，SAF格付けを用いてわが国上場企業を各年別に格付けし，ROEを中心に，格付けグループごとにいくつかの財務数値の推移を解析することとした。格付けは個別企業の評価に用いられるのが一般的であるが，企業を格付けによってグルーピングすることにより，マクロ的な傾向を分析することが可能となる。

1 利用データ

今回の分析では，長期にわたるわが国の経済動向を，格付け別に観察するため，わが国が変動為替を導入した1971年から2016年の間に上場していた企業に絞り，各企業が有価証券報告書において開示している個別財務データを用いて分析を行った。最終的に使用した財務データは表5-24のとおり93,262社である。なお，個別財務データを使用した理由は，連結財務諸表が主たる財務諸表としてわが国に採用されたのは2000年からであり，長期にわたる比較可能性がないことによる。また，わが国企業では，連結財務諸表を作成していない企業が相応に存在し，連結財務諸表を採用することによりサンプルデータ数が少なくなる懸念があるからである。

2 分析手法

財務指標の分析は，以下の手順で実施した。

① 全サンプルの財務数値からSAF2002モデルを用いてSAF値を求めた。SAF値の算出に際しては，2期分のデータが必要なため，1期分しかない（上場1年目，及び倒産などによる翌年上場廃止）企業は対象から除外した。

② データを年別に分け，年ごとにSAF値の高い順に並べ替えた上で，格付けを

表 5-24：分析利用上場企業データ数

年	企業数	年	企業数	年	企業数	年	企業数
1971	1,340	1983	1,644	1995	2,219	2007	2,494
1972	1,378	1984	1,651	1996	2,312	2008	2,437
1973	1,406	1985	1,677	1997	2,374	2009	2,392
1974	1,442	1986	1,703	1998	2,428	2010	2,348
1975	1,477	1987	1,751	1999	2,468	2011	2,306
1976	1,495	1988	1,803	2000	2,498	2012	2,454
1977	1,530	1989	1,887	2001	2,533	2013	2,461
1978	1,546	1990	1,954	2002	2,539	2014	2,449
1979	1,563	1991	2,016	2003	2,519	2015	2,457
1980	1,442	1992	2,050	2004	2,497	2016	1,896
1981	1,601	1993	2,071	2005	2,501	TOTAL	93,262
1982	1,625	1994	2,128	2006	2,500		

行った。なお，年によってしきい値が異なるため，同じ値でも年度によって格付けが異なることもある。

③ 全分析期間における上場企業の財務データから，ROEその他関係する財務指標を算出し，各年の格付け群ごとに各指標の中央値を求めた。ただし，ROEは債務超過企業の場合は欠測値とする必要がある。格付けC（下位5％）の企業群の中には，債務超過企業が含まれているため，格付けのしきい値を決定する際には格付けCの企業群も含めているが，グラフ化などの際にはC格付けの企業はあえて対象外とした。ちなみに，BB格付け（黒い実線）は，上位25％から75％の間の企業群，つまり当該年の全上場企業の中位50％に該当するグループであるので，この格付け群の中央値は，同年の全上場企業の中央値に相当することとなる。

3　分析結果：ROEの推移の観察

上場企業の1971年から2016年までの間の格付け別ROEの推移は，図5-12のとおりである。

図5-12で確認できるとおり，格付け別ROEを時系列に観察すると，1971年から1974年のオイルショックまでのわが国企業のROEは，上場企業全体の中央値

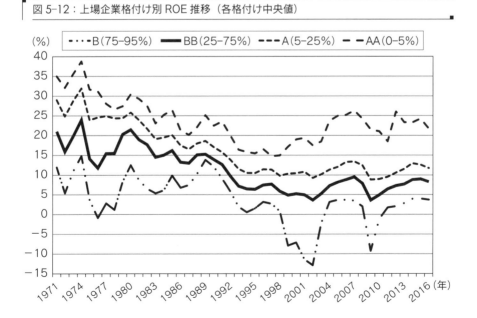

図5-12：上場企業格付け別ROE推移（各格付け中央値）

(BB格付け中央値)で，21％から23％の値をつけており，また格付けAA群のROE中央値は，34％から38％であった。このように高度成長期にあった1970年台初頭のわが国企業は，近年とは比較にならない高いROEを計上していたことがわかる。なお，バブル経済誇張期である1990年頃から，わが国企業のROEは下降を始め，2000年頃から若干の変動はあるものの，1970年台のような大きな上昇，下降は見られずに8％から10％の間で推移し，現在に至っている。

4　分析結果：ROEへの当期純利益の影響

　ROEの変動要因は，分子である当期純利益の増減，分母である純資産の増減，あるいは，それらの組み合わせによって起こるものである。そこで，同時期のROEと売上高税引前利益率(以下，売上高利益率)との推移を比較した。売上高利益率の1971年から2016年までの推移は，図5-13のとおりであった。

　当然に1971年と2016年とを比較すれば，売上規模は金額ベースでは大きくなっているはずである。しかし，売上の上昇とともに，製品原価，販売管理費も比例して上昇していることから，上場企業中央値では売上高利益率にはほとんど変化がないことが確認できる。ROEが45年間に半分以下に下落しているにもかかわらず，上場企業の95％は，売上高利益率に変化がないことが確認できる。このこと

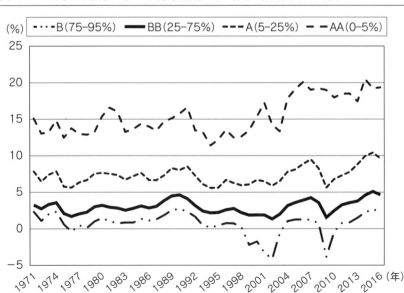

図5-13：上場企業格付け別売上税引前利益率の推移（各格付け中央値）

から，ROEの下落要因が，算出式の分子にあたる当期純利益の変化ではないことが推察できる。無論，ROEを算出する際には，比率ではなく実際の当期純利益額を用いるのであるから，売上高利益率が変動していないことをしてROEの変化に利益が貢献していない事を証明することはできない。しかし，ROEに対して「株主へのリターン」を計測する指標としての期待が高いのであれば，ROEの変動と売上高利益率も，相関して上昇することが期待される。つまり，企業経営では，売上規模が拡大するとともに，販売管理費を効率よく運用することで，売上高利益率を上昇させることによる経営改善が期待される。しかし経済環境が大きく変化した長期間を観察した結果では，わが国企業は売上規模が拡大しても，売上高利益率にはほとんど変化がないことが確認された。

5　分析結果：ROEへの純資産の影響

ROEの算出において分母となる純資産にどの値を用いるかは慎重な議論が求められる。表5-3で示したとおり会計基準の度重なる変更により，現在のわが国企業の純資産の部は，株主資本とその他の包括利益，新株予約権，非支配株主持分（旧少数株主持分）によって構成されている。ROEを求める計算式では，多くの場合純資産合計を用いる，又は純資産額から新株予約権（以前は転換社債として，負債項目と資産の部の間に表示）と非支配株主持分を控除することが一般的である。一方本書では，あえて純資産額全体を分母に用いてROEを求めた。これは，ROEの変化が，会計基準の変更の影響をどの程度受けたのかを明らかにするためである。長い分析期間においては，上記のとおり純資産の部の構成要素が大きく変化している。この変化の影響についても観察したいと考えたからである。

表5-25は，BB格付けグループの中央値（各年全上場企業中央値）における各指標間の相関係数である。ROEは，売上高利益率との相関は低く，一方，分母である純資産比率（自己資本比率）と高い逆相関を示していることが確認できる。

そこで，自己資本比率の時系列変化を観察した。図5-14のとおりである。自己資本比率の推移を全上場企業の中央値（BB格付け中央値）で観察すると，1973年から1975年のオイルショック時代に若干の下降が見られるものの，以降は2016年まで上昇を続け，2016年では上場企業中央値（BB格付け中央値）は50％を超えており，また，AA格付け中央値で80％に近いことが確認できる。なお，最も低いC格付け群（上場企業下位5％企業）の中央値でも2016年の自己資本比率は20％を超えていることが確認できる。

そこで，BB格付け（上場企業中央値）におけるROEと自己資本比率とのスピアマンの順位相関を観察したところ，図5-15のとおり明らかな逆相関を確認すること

表 5-25：BB 格付け中央値（全上場企業中央値）におけるピアソンの相関係数

	ROE	ROA	自己資本比率	総資本留保利益率	売上高利益率
ROE	1	0.7207	−0.8528	−0.8084	0.3883
ROA	0.7207	1	−0.3157	−0.2756	0.8916
自己資本比率	−0.8528	−0.3157	1	0.9813	0.0729
総資本留保利益率	−0.8084	−0.2756	0.9813	1	0.1001
売上高利益率	0.3883	0.8916	0.0729	0.1001	1

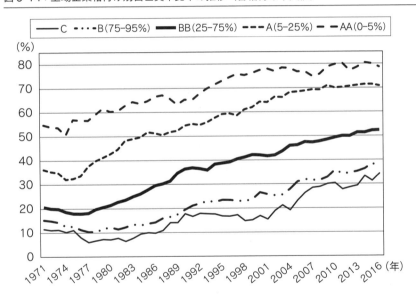

図 5-14：上場企業格付け別自己資本比率の推移（各格付け中央値）

ができた。これらの事から，わが国企業の低い ROE は，他国に類を見ない高い自己資本比率よってもたらされていることが確認できた。

6 格付けの応用

図 5-12 における BB 格付けグループの中央値（全上場企業中央値）を観察すると，バブル経済崩壊以降 1991 年から 1995 年頃まで ROE は下落を続けており，図 5-

図 5-15：BB 格付けにおける ROE と自己資本比率のスピアマンの順位相関

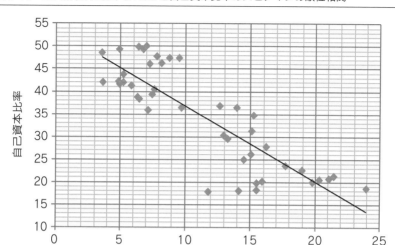

13 で確認すると同時期，売上高利益率も BB 格付け中央値で 4.11 ％から 2.23 ％へ下落していることが確認できる。最終的には，売上高利益率は 2002 年には 1.34 ％まで下落している。一方，グラフではあまり確認できないが，2000 年ごろから ROE が下落し始め 2002 年には 3.62 ％まで下がっている。これは，1998 年に公表された「税効果会計基準」や，2002 年までの時限立法として導入された「土地再評価差額金」等の計上による純資産の部のかさ上げが大きく寄与していることは間違いない。特にリサイクリング（再評価）が適用されない土地再評価額金は，再評価された当時の金額のまま純資産の部に計上され続けており，ROE 算出の元となる分母を誇張させ，結果 ROE の値を押し下げる要因となっている。

このような傾向は，企業を個別に観察した場合には浮き彫りにすることができない。一方，企業の会計行動を格付けによってグルーピングをすることで，マクロ的に観察することができ，結果，わが国企業の特性が見えてくる。このように，SAF 値を利用した格付けは，経済関連指標の変化等と比較するなどにより多面的に応用が可能となる。例えば，1989 年のバブル経済誇張期は，消費者物価指数は 5 ％台の低いまま推移しており，企業の投下資本と売上の間とのバランスは一定のままであった。これに対し，バブル経済誇張期よりはるか以前の高度成長期と呼ばれた 1970 年台初頭のわが国では，一般勤労者の平均年収は 82 万 5 千円であった。しかし 1971 年以降給与は年間 25 ％以上上昇し，消費が拡大することによる物価高騰が続いた。企業の売上は急速に増大したが，純資産，特に留保利益はまだ十分に積

み上がっていない時代であったため，結果高い ROE を計上していたことが確認できる。つまり，売上が倍増することで利益額も上昇したが，当時高い ROE を計上していたことが高い利益率を表している訳ではないことは売上高利益率の推移からも明らかである。

第6章　AI（人工知能）による企業評価分析

　近年 AI（人工知能）が社会の様々な局面で利用されるようになっている。昨今，AI 技術をビックデータと組み合わせて語られることが多いが，両者にはもともと関係性はない。ビックデータ処理とはメモリの容量が大きくなり，コンピュータのプロセッサ速度が速くなったことで，大量のデータを処理できるようになったことを指す。一方，前章でも説明したとおり，AI 技術を用いた研究は古くから存在し，基本的な概念はほとんど変わっていない。また，前章までに説明してきた SAF2002 モデルに採用されている財務指標は，AI 技術を駆使して抽出されている。そこで本章は，AI の中でも最近注目を集めている，自然言語処理を用いたテキストマイニング技術を利用した企業倒産予知の研究，及び，SAF2002 モデルによる企業格付けと自然言語処理とを融合した研究事例を紹介する[1]。

第1節　テキストマイニングによる企業倒産予知

　財務数値データを用いて企業を評価する試みは多岐にわたり行われている。これに対し非財務データを用いた企業評価としては，例えば株式市場におけるアナリストのコメントや，企業が発する Web 上の情報等を分析するなどで株価を予想する研究が多く発表されている。ただし，定性情報による株価の将来のトレンドの予測は，表現や使用する言葉が執筆者の個性に左右されやすく安定的な分析には不向きである。よって，アナリストのレポートのような文章を，時間をかけて解析するよりは，第3章第3節において触れているように，株価と連動していることが確認されている法人企業景気予測調査のデータのような公的な開示情報を利用する方がより簡便に市場動向を把握することができるかもしれない。当然にマクロデータは，個社分析には適さないとの意見もあるが，ほとんどの企業の株価は，市場全体の動

---

[1] Cindy Y. Shirata, Hironori Takeuchi, Shiho Ogino and Hideo Watanabe, Extracting Key Phrases As Predictors Of Corporate Bankruptcy: Empirical Analysis Of Annual Reports By Text-Mining, Journal of Emerging Technologies in Accounting (8) 1, Strategic and Emerging Technologies Section of the American Accounting Association, pp.31-44, Dec. 2011. 白田佳子，竹内広宜，荻野紫穂，渡部日出雄「テキストマイニング技術を用いた企業評価分析：倒産企業の実証分析」『経営分析研究（日本経営分析学会）』第25号，pp40-47., 2009年3月31日。

きに連動するものであるから，トレンドは把握できよう。

そこで，本節では企業の有価証券報告書に記載されている文言から，継続企業群と倒産企業群を決定づける表現を抽出する差異分析を単語レベル，直接の係り受け情報レベル，文脈レベルで行った。これはあくまで特定の表現が有価証券報告書に出現した場合に，その表現が倒産の警告となるのではないかとの仮説に基づいている。

1 使用データと分析環境

サンプルデータとして，倒産企業については1999年から2005年の間に倒産した上場企業90社の有価証券報告書を用いている。この時期は，バブル経済が崩壊して一定期間が経過しており，かつリーマンショック発生の前であり，経済的に安定している時期であった。また近年は上場企業の倒産が非常に少なく，ある程度の件数を集める必要があった。ただし長期にわたるデータを使用すると，企業を取り巻く経済環境が大きく変わる可能性が高く，企業が有価証券報告書に記載する文言に経済の影響にかかわる表現が増え，分析に適さない事からある程度の経済安定期を選んだ。なお，継続企業の抽出に際しては，2005年時点での全上場企業についてSAF値を求めた上で値の高い方から低い方へ値順に並べ，倒産企業のサンプル数と同数（90社）となるよう，系統抽出を行った。このことから，抽出した継続企業90社には，非常に財務状況が良く高いSAF値をつける企業から，財務状態が不安定な低いSAF値をつけている企業までが含まれており，全上場企業と同じ分布を持つ企業グループとなっている。

ちなみに第3章，表3-2「有価証券記載内容」において確認できるとおり，有価証券報告書には多くの定性情報が記載されている。有価証券報告書における財務数値に係る部分はわずか数ページに過ぎず，ほぼ100ページを超える内容のほとんどが非財務情報である。そこでまず有価証券報告書全体を対象に形態素解析によって単語の出現頻度を分析した。その結果から，有価証券報告書の「配当政策」の部分にキーワードが集約されていることが明らかとなった。そこで有価証券報告書の「配当政策」の部分について，全サンプルデータの倒産企業群，継続企業群の文章を全て合体させ，2群の文章を比較する分析を行った。なお，分析ツールとして，IBM OmniFind Analytics Edition（以降OAE）を用いた。OAEはIBM(株)基礎研究所が開発した文字情報を解析するツールである。OAEは，前処理部分とランタイム部分から構成されているテキストマイニングツールである。前処理部分では，テキストデータに対して，形態素解析，構文解析といった自然言語処理が適用される。その後，ユーザーが定義した辞書を適用し，複数の同義語をある一つの正

規形にまとめ，単語にカテゴリー情報を付与する処理が行われる。また特定の単語列や係り受け構造に対して付加情報を付与するパターンマッチング処理も行われる。ランタイム部分では前処理結果にインデックスを作成し，検索・集計処理を行えるようになっている。なお，本分析には，IBM(株)基礎研究所の支援をいただいた。

2　形態素解析による出現頻度分析

形態素解析を用いて，①データは有価証券報告書に記載された文章について，助詞・記号・数字をフィルタリングしたもの（解析1）から，②「倒産企業の有価証券報告書に出現したファイルの割合」から「非倒産企業の有価証券報告書に出現したファイルの割合」を差し引いた出現頻度値について評価を行った（重要度3）。なお，非倒産企業の有価証券報告書に高い出現頻度を表す言葉は出現頻度値が負の値となる。結果は表6-1のとおりである。表6-1は，「解析1×重要度3」解析の出現頻度下位（負）100リストから，特に2群の差が大きいものを選び出したものである。

表6-1に示す「倒産出現割合－継続出現割合」（一番右の列）が示す出現頻度値が，2群における出現頻度の有意差を表す値と解釈することができる。ここでの結果を観察すると，出現頻度に顕著な差の見られる言葉（上位にある項目）には「配当」「利益処分」「留保」といったものが並んでいる。しかも第1位と第2位に当たる「配当金」「配当性向」といった言葉の出現頻度は2群間で顕著な差が見られる。このことから，継続企業においては常に株主を意識したメッセージが有価証券報告書の中に織り込まれていることが確認できる。またこれらの言葉は，有価証券報告書の中の「配当政策」の部に記載されている文章である。

3　条件付き確率における出現頻度分析

次に，全サンプルデータの「配当政策」の部分について，倒産企業群，継続企業群の2群について分析を行った。まず，文書頻度を基に倒産企業群，継続企業群を特徴づける表現を抽出した。特徴表現の抽出のための指標として本分析では条件付き確率を用いている。

具体的には，各群（倒産企業群・継続企業群）における①出現確率の差，②出現確率間の距離，③出現確率の統計値，④条件付き確率P（倒産企業｜KwdA），またはP（継続企業｜KwadB）のいずれかが大きくなるキーワードの，4種類について頻度が高い上位8語を倒産企業群，継続企業群ごとに抽出した。結果は，表6-2と表6-3のとおりである。表6-2では，継続企業群において出現頻度の高い順に言葉を並べ出現頻度を数字で表すとともに，その言葉が一方で倒産企業群ではどの程度の頻度

表6-1：言語解析結果（「解析1×重要度3」から2群差の大きいものを抜粋）

キーワード／期	出現頻度合計		出現ファイル数合計		平均頻度（頻度合計／全ファイル数）		出現ファイル数割合（出現ファイル数／全ファイル数）		出現頻度値 倒産出現割合－継続出現割合
	倒産	継続	倒産	継続	倒産	継続	倒産	継続	
配当金	2	47	2	41	0.05	0.70	0.05	0.61	－0.5654
配当性向	1	44	1	36	0.02	0.54	0.02	0.54	－0.5141
利益処分計算書	9	44	9	44	0.21	0.66	0.21	0.66	－0.4474
内部留保資金	0	28	0	27	0.00	0.42	0.00	0.40	－0.4030
品質	3	44	3	30	0.07	0.66	0.07	0.45	－0.3780
ニーズ	7	46	7	34	0.16	0.68	0.16	0.51	－0.3447
成長	1	29	1	32	0.02	0.43	0.02	0.34	－0.3200
内部留保金	5	29	4	26	0.12	0.43	0.09	0.39	－0.2950
株価収益率	2	45	1	21	0.05	0.67	0.02	0.31	－0.2902
株主資本配当率	6	22	0	19	0.00	0.33	0.00	0.28	－0.2836
当たり配当額	1	32	1	20	0.02	0.48	0.02	0.30	－0.2753
記念配当	0	25	0	18	0.00	0.37	0.00	0.27	－0.2687
研究開発	0	29	0	17	0.00	0.43	0.00	0.25	－0.2537

で現れているかを明らかにしている。例えば，条件付き確率で上位に現れている「研究開発」という言葉は，倒産企業群には現れていないことを示している。

この結果から「継続企業は研究開発を積極的に行っている」という仮説を設定することもできるが，あくまで出現頻度であるから，頻度が高いからといってその言葉が必ずしも，その群を特徴づけているとは結論づけることはできない。

4　文脈語を用いた特徴表現

通常の形態素解析の手法では，分析した文章の中から特徴的なキーワード（単一の表現）が抽出されるのみであり，これだけでは知見に直接つながらないことが多い。例えば，「配当金」が継続企業を特徴づけるキーワードとして抽出されたとしても，配当金がなぜ継続企業を特徴づけるかはわからない。これはテキストマイニングにおける一般的な問題であり，構文パターンを利用した係り受け表現の抽出が

第6章 AI（人工知能）による企業評価分析

表6-2：継続企業群に特徴的な単語（名詞・動詞・形容詞・形容動詞）

出現頻度確率の差			出現頻度確率間の距離			出現頻度統計値（×2乗統計量）			出現頻度条件付き確率		
	継続	倒産		継続	倒産		継続	倒産		継続	倒産
株数表現	79	14	株数表現	79	14	金額表現	79	25	年間	28	0
金額表現	79	25	中間配当	50	4	株数表現	79	14	研究開発	10	0
中間配当	50	4	年間	28	0	中間配当	50	4	充当する	17	1
取締役会	41	4	金額表現	79	25	取締役会	41	4	連結業績	8	0
決議	41	5	取締役会	41	4	決議	41	5	中間	15	1
実施する	53	21	決議	41	5	年間	28	0	企業価値	14	1
年間	28	0	充当する	17	1	実施する	53	21	取得	7	0
配当金	48	21	中間	15	1	配当政策	89	69	自己株式	7	0

表6-3：倒産企業群に特徴的な単語（名詞・動詞・形容詞・形容動詞）

出現頻度確率の差			出現頻度確率間の距離			出現頻度統計値（×2乗統計量）			出現頻度条件付き確率		
	継続	倒産		継続	倒産		継続	倒産		継続	倒産
無配	5	46	無配	5	46	無配	5	46	遺憾だ	1	32
遺憾だ	1	32	遺憾だ	1	32	遺憾だ	1	32	引き続く	0	10
所存	17	35	所存	17	35	損失	1	17	損失	1	17
損失	1	17	頂く	17	33	復配	2	18	回復	0	8
復配	2	18	状況	12	27	計上する	4	20	大幅だ	0	8
計上する	4	20	計上する	4	20	純損失	3	18	全力	0	7
頂く	17	33	厳しい	6	21	引き続く	0	10	早い	0	7
厳しい	6	21	復配	2	18	厳しい	6	21	見送り	0	6

試みられているからである。ちなみに，有価証券報告書の文書は一文の長さが比較的長いため，係り受け分析では，様々なパターンが抽出されるのが特徴である。

そこでここでは，係り受け表現に注目するのではなく，特定のキーワードを定義し，キーワードが出現した文について，同一文内でその語の前後に出てくる語をペアとして抽出することを試みた。キーワードとして2群における出現頻度に差の見

られる「配当金」,「内部留保」を用いることとした.

① 「配当金」が含まれる文において同時に使用されている言葉は以下のとおりだった.

継続企業：年間，中間配当，配当，期末配当，含める，株数表現，基本方針，合わせる，金額表現，勘案する，決定する，株主，業績，加える，増配，基づく，内部留保

倒産企業：無配，遺憾だ，見送る，厳しい

② また「内部留保」が含まれる文において同時に使用されている言葉は以下のとおりだった.

継続企業：充当する，成長，設備投資，研究開発投資，研究開発，競争力，合理化，企業価値，生産設備，企業，新規事業，展開，投資，対応する，活用する，拡大，実施する，長期的だ，向上，使途，事業，将来，経営環境

倒産企業：基本，充実する，応じる，安定する，利益還元，状況

配当金の文脈では文書全体に注目し条件付き確率の指標を適用した場合に上位に出てこなかった「株数表現（数字＋株）」,「金額表現（数字＋円）」が上位に現れている．これは，文書全体で見ると継続企業・倒産企業の両方に出現するが，配当金の文脈では継続企業の文書集合でのみ出現していることを示している．同様に，内部留保の文脈については，文書全体に注目した場合に出現の偏りが見られなかった「設備投資」,「生産設備」,「新規事業」といったキーワードが，継続企業を特徴づける表現として抽出されている．「配当金」や「内部留保」といった文脈語も両群の文書集合に出現していることから，それ自身は継続企業・倒産企業を決定づける表現となっていないことがわかる．

一方，文脈に出てくる語と組み合わせることにより継続企業かどうかを特徴づけることが可能となった．また，このような分析結果は，キーワードだけに注目した従来の分析では発見が困難だった新たな知見獲得を可能としている．なお，得られた継続企業・倒産企業を特徴づける表現の内，倒産企業を特徴づける表現には「無配」に関連したものだけでなく，「遺憾」という謝罪に関連するキーワードが抽出された．悪い報告を行う際に「事実」だけを述べるのではなく，「遺憾ながら」とい

う謝罪表現を枕詞として直前に用いるのは日本特有の傾向がある。なお，検証の結果，「配当」という言葉に「誠に遺憾」という言葉が同じ文中に現れた企業では，100％が倒産企業であった。

第2節　企業格付けと自然言語処理の実践

　近年企業のESG情報開示への関心が高まっている。いわゆる統合報告へ向けた世界的な動きである。そのような中，日本では環境省が主催する，環境情報開示システム（Environmental Information Disclosure System）の利用による環境省情報開示基盤整備事業が3年間の技術実証期間を経て，2016年から実施されている。本事業は，企業の環境対応社会への効果と，企業が環境対応の体制を維持するための統制がとられているかを総合的に判断するために実施されている。本事業の目的は，投資家はもとより，企業を取り巻く全ての利害関係者（従業員，取引先，金融機関など借入先，監督官庁を含む社会全体）への情報提供を目的に実施されているものである。なお，本整備事業では企業からの回答様式がXBRL化されており，各企業の回答を個別に分析するだけでなく，全回答データを一括変換し，全体を通したキーワード解析等が可能となっている。本節では，収集された大量の文字データを自然言語処理を用いて分析し，その結果とSAF値による企業格付けとの関係を分析することで日本企業における環境対応の実態と課題を明らかにした研究事例を紹介する[2]。

1　利用データと分析手法

　2017年度における本整備事業では450社超がプロジェクトに自主参加している。また，参加企業には大企業でありながら非上場の企業も含まれている。参加企業の募集に際しては，東証などで説明会を開催するなどにより広く公募を行っている。なお，開示データは208項目，細目2,794項目に及び，気候変動819項目，水資源84項目，その他資源219項目，廃棄物排出・管理222項目，化学物質取り扱い・排出・移動156項目，土壌汚染39項目，生物多様性162項目，その他93項目の回答から構成されており，非常に詳細な項目が設定されている。大項目は表

---

[2] Cindy Yoshiko SHIRATA, Shiho OGINO, The Relationship Between Environment Report And Financial Position：Empirical Analysis By NLP With Co-Occurrence Networks, Proceeding of 30th Asian-Pacific Conference on International Accounting Issues: will be published in November, Nov. 2018

6-4のとおりである。

また各項目にはさらに細目が設定されている。例えば「3. 環境課題詳細」では，「環境課題概要」として，「気候変動（含エネルギー）」，「水資源」，「廃棄物排出・管理」，「化学物質の取り扱い・排出・移動」，「土壌汚染」，「生物多様性」，「その他」の各項目について，「戦略」，「リスク」，「機会」，「目標」について回答するように求めている。さらに「気候変動（含エネルギー）」については，排出量，排出量にかかわる第三者検証の結果も報告することとされている。そこで，まず回答企業について有価証券報告書から財務データを入手し，SAF2002モデルを用いて当該企業の財務格付けを行った。なお，非上場企業である企業も含まれているが，金融商品取引法第24条第1項に該当しEDINET上に有価証券報告書が開示されていることから，分析に含めることとした。

ちなみに，分析に利用したのは開示データ項目の中からバリューチェーン(Value chain management and engagement)に係る回答部分である。この項目には，企業が協働している相手（サプライヤー，顧客，その他のパートナ）との環境対応に係る課題，相互からの影響度，またサプライヤーの管理基準などを記載した内容

表6-4：環境省情報開示基盤整備事業開示項目（大項目）

1. 環境全般
2. 重要な環境課題分野の特定
3. 環境課題詳細_環境課題概要
3-1. 環境課題詳細_気候変動（含エネルギー）
3-2. 環境課題詳細_水資源
3-3. 環境課題詳細_その他資源
3-4. 環境課題詳細_廃棄物排出・管理
3-5. 環境課題詳細_化学物質の取り扱い・排出・移動
3-6. 環境課題詳細_土壌汚染
3-7. 環境課題詳細_生物多様性
3-8. 環境課題詳細_その他
4. バリューチェーン管理・協働
5. 製品・サービスにおける環境面での競争優位性
6. 環境関連法令・指針等遵守・環境事故・訴訟
7. 参考情報

が文書で記述されている。さらに，バリューチェーンの項目に絞った理由は，その他の回答項目がほぼYes／No回答であるのに対して，この項目は文章記述方式だからである。ここでは，企業が記載した文章をAIにおける自然言語処理（Natural Language Processing：NLP）によって分析することとした。この分析では企業を格付けすることによって企業の財政状態と比較しながら，サプライヤーや顧客など，企業を取り巻く社会との接点において環境にどのように配慮し，また協働を測ろうとしているのかを明らかにした。

2　分析結果
（1）使用語の出現頻度比較（格付け別）

まず，どのような言葉が記載内容に多く使われているのかを財務格付け別に分析した。表6-5のとおりである。なお，SAF格付けランキングAAとNAは件数が少なかったため，格付けのA，BB，及びBを対象とした。SAF格付けAは安定的な財務状況にある企業群であり，一方，SAF格付けBは倒産に近いSAF値をつけている企業群であるから財務状況は不安定である。BBは全体の中位にある50％の

表6-5：格付け別出現単語頻度

	A		BB		B	
	単語頻度	文書頻度	単語頻度	文書頻度	単語頻度	文書頻度
1	取組	サポート	調達	環境	環境	推進
2	サポート	取組	環境	調達	量	環境
3	配慮	GHG	取引	当社	物流	実施
4	成果	成果	サプライヤー	管理	サプライヤー	排出
5	一環	配慮	管理	サプライヤー	調達	当社
6	活用	ブルー	当社	取引	排出	CO
7	ブルー	負荷	グリーン	製品	協力	協力
8	負荷	一環	製品	グリーン	削減	チェーン
9	アンケート	ソフトウエア	ガイドライン	こと	当社	グループ
10	サービス	中小	CSR	推進	会社	削減
11	取引	補助	活動	ガイドライン	CO	活動
12	補助	活用	協働	活動	推進	グリーン
13	参加	対象	物質	協働	グループ	調達

企業である。

　なお，単語頻度は，各格付けグループの全文章において使用頻度の高い語をランキング順に表示している。一方，文書頻度は，各格付けグループに属する企業が使用した単語を調べて，使用した企業数が多かった語をランキング順に表示している。結果は表6-5のとおりである。

　結果を観察すると，SAF格付けのBB及びBでは，「環境」や「推進」，「調達」という言葉が沢山使用されていることがわかる。一方，財務格付けの高いAグループでは，「環境」という言葉は一切出できておらず，「取り組み」，「サポート」，「成果」，「配慮」といった具体的な言葉が頻繁に使用されていることがわかる。このことから，財務格付けの高いグループでは，具体的な取組みについて記述されているが，財政状態が安定しないSAF格付けBB以下のグループでは，一般的な表現で環境対応を語っているのみと解釈できる。

　そこで，格付けの高い企業（財務健全性の高い企業）によく使用される言葉，また，格付けの低い企業によく使用されている言葉がどのような言葉かを解析した。具体的には，SAF格付けごとに，その格付けの何割（何社）がその単語を使っているかを数値化している。つまり，W社が5回，X社が4回，Y社が使っていない，という状況だと，3社中2社使っているので，文書頻度2，その格付けでの出現確率0.666...と算出されている。結果は，表6-6のとおりであった。

　結果を観察すると，「取引」「優先」「改善」という言葉は財務内容が安定している企業が多く使用していることがわかる。なお「説明」「報告」というサプライヤーとのやり取りを示す語は，格付けBでは全く使われず，格付けAでは3割の企業が使っている。「優先」は財務内容が不安定な企業ではほぼ使われていない。一方，「目指す」といった今後への期待を込めた言葉は財務内容が不安定な企業に使われていることがわかる。「確認」「目指す」「展開」「策定」は財務内容が良好な企業ではほとんど使用されていなかった。

　これらの分析から企業の財政状態によって，使用される言葉に相違があることが明らかとなった。言い換えれば，企業の財政状態によって環境への取組みに差が生じていることを表している。企業が前向きに環境へ対応しようとしても，財政状態が安定しない企業では，具体的対応は難しいことを意味している。

第6章　AI（人工知能）による企業評価分析

表6-6：格付け毎使用頻度の高い言葉

Word	AA	A	BB	B	A>BB>B	A<BB<B
取引	0.333333	0.384615	0.333333	0.285714	Y	
説明	0	0.307692	0.125	0	Y	
報告	0	0.307692	0.125	0	Y	
理解	0	0.307692	0.083333	0.071429	Y	
向ける	0	0.307692	0.145833	0.071429	Y	
使用	0	0.307692	0.145833	0.142857	Y	
製造	0	0.307692	0.145833	0.142857	Y	
優先	0.333333	0.230769	0.0625	0	Y	
改善	0.333333	0.230769	0.1875	0.071429	Y	
定める	0	0.230769	0.125	0.071429	Y	
調査	0	0.230769	0.166667	0.071429	Y	
要請	0	0.230769	0.125	0.071429	Y	
低減	0	0.076923	0.125	0.357143		Y
確認	0	0	0.125	0.214286		Y
目指す	0	0	0.020833	0.214286		Y
展開	0	0	0.104167	0.214286		Y
策定	0	0	0.145833	0.214286		Y

（2）異なり語分析

次に各格付け別に，語の使用方法について観察するために，「述べ語」÷「異なり語」を算出した。「述べ語数」÷「異なり語数」は，「1語が使われる平均回数」を意味しているため，これが大きくなるのは，「同じ語を繰り返している」ことにより長い文章を書いた場合となる。助詞・助動詞・記号（読点や句点）はどのような文にも繰り返し使用される事から，文章が長くなると，自然に助詞・助動詞の使用回数が増える事となる。一方「述べ語」÷「異なり語」が小さい企業は，文字をあまり書いていない企業ともいえる。そこでサンプル企業ごとにSAF値による財務格付け，業種及び提出された報告書に記載された「述べ語」数と「異なり語」の数を調査した。その結果，SAF格付けと異なり語には関係性はなく，SAF格付けAAの企業でもSAF格付けBの企業でも，文章をあまり書いていないと思われる企業，また長文を記載してはいるが，同じ言葉を繰り返しているだけと思われる企業も見られ

た。

　そこでサンプル企業の中から，同じ言葉を繰り返し使用している企業について，その詳細を観察するために「述べ語」÷「異なり語」が 2.5 より上の（平均して 1 つの単語を 2.5 回以上使用している）企業を抽出した。抽出された企業は 9 社である。この 9 社の記述について，助詞・助動詞・非自立（補助動詞など）・記号を除いて，分析を行い，実際にどのような言葉が重複して使用されているのか，出現頻度の高い順にリストアップした。表 6-7 のとおりである。

　なお，表 6-7 で確認できるとおり，B 社は，他社と比較して「Co2」，「削減」を繰り返し使用している。また，B 社はもともと総語数が 809 と突出して文章が長いことから言葉の繰り返しも多くなっている。また，どの企業も，「調達」を繰り返し使用しているがこれは，本分析内容が，バリューチェーンにおける環境対応にかかわる記述項目であることから，仕入や物品購入などに際し環境に配慮していることを述べているものと推察される。これらは，製品＋管理という言葉についても，どの企業も重複使用していることからも同様の解釈ができよう。このことから，文章が長く丁寧な記述を行っている企業と，財務健全性との相関はあまりないことが確認できた。言い換えれば，財政状態が安定していない企業でも，長文を記載している企業もあり，一見丁寧に記載していると思われる企業であっても，その内容を精査する必要があることが明らかとなった。

(3) 格付け別共起ネットワーク

　SAF 値による格付けは，BB が全体の分布の 50 ％を占め，データ数が一番多いグループである。また，SAF 格付け BB の中位である 0.7 辺りが企業倒産判別ラインとなっている。一方，SAF 格付け A と SAF 格付け B は全体の上位 20 ％及び，下位 20 ％のランキング（格付け）の企業群である。また，SAF 格付け BB より下の格付けグループである B，C は倒産可能性が高い企業群である。ちなみに，本分析に使用したサンプルデータにおいても，SAF 格付け A と SAF 格付け B がほぼ同じ企業数であり記述された文字数も類似していた。そこで SAF 格付け A を財務内容良好企業の代表群とし，SAF 格付け B を財務内容危険群の代表群として両グループの文書から使用されている言葉による共起ネットワークを可視化できるソフトを使用して出力した。

　共起ネットワークとは，文書からその文書を特徴づける言葉を抽出し，特徴ある言葉が同じ文の中に同時に使用されている（共起）関係をネットワーク図としてアウトプットするものである。実行には「KH Coder[3]」を使用した。KH Coder は前処理から共起ネットワークの作成，可視化まで全て GUI で簡単に実行することが

表 6-7：繰り返し使用されている言葉一覧

| 格付け | A | | BB | | | | | | B | 使用 |
企業	A社	B社	C社	D社	E社	F社	G社	H社	I社	企業数
調達	12	2	7	16	17	6	10	2	5	9
環境	7	7	1	13	5	8	10	5	6	9
管理	1	2	2	2	2	1	10	4	1	9
製品	5	6	6	1	2	1	2	4	0	8
取引	6	2	1	2	3	4	0	4	1	8
推進	2	4	1	1	2	3	1	0	2	8
活動	1	5	0	3	2	2	3	0	1	7
サプライチェーン	2	1	1	1	0	0	2	1	2	7
グリーン	11	1	0	0	9	4	1	1	0	6
負荷	1	2	1	0	5	0	0	3	6	6
協力	1	1	0	5	1	0	0	2	2	6
構築	0	1	0	1	0	1	4	1	1	6
Co2	2	13	4	0	0	0	0	2	1	5
削減	0	8	3	0	0	0	1	1	5	5
ガイドライン	1	0	0	10	1	1	0	2	0	5
CSR	2	0	0	7	1	0	1	3	0	5
取り組み	2	0	0	4	4	2	1	0	0	5
実施	6	1	1	2	0	0	0	0	1	5
化学	1	0	0	2	0	0	3	2	3	5
保全	2	0	2	2	0	1	3	0	0	5
配慮	3	2	1	2	0	0	0	1	0	5
低減	0	1	0	2	0	2	1	0	3	5
改善	1	2	0	1	0	0	1	2	0	5
対象	0	2	0	1	2	1	0	0	1	5
体制	0	1	0	1	0	1	0	3	1	5

[3] KH Coder とは，立命館大学産業社会学部樋口耕一准教授によって開発されたテキストデータを統計的に分析するためのフリーソフトウェア。対応分析（数量化Ⅲ類）・クラスター分析・多次元尺度更生法（MDS）・自己組織化マップ・共起ネットワーク・機械学習（ナイーブベイズ）などに対応している。

できるツールである。ここでは，格付けAの企業グループと格付けBの企業グループで使われている語の差異を視覚化するために，それぞれの企業グループに共通して使われている語を示すネットワーク図を出力した。結果は，図6-1のとおりである。

まず，両群において中央にある円（●）のグループは両群に共通して表れている言葉である。SAF格付けA群でこれらの言葉と共起しており，SAF格付けB群では共起が見られなかった語が左側のある円（◯）の中に，SAF格付けB群で共起しており，SAF格付けA群では共起が見られなかった語が右側のある円（◯）の中に表れている。これらの出力を見ると，両群における言葉の使い方に大きな違いがあ

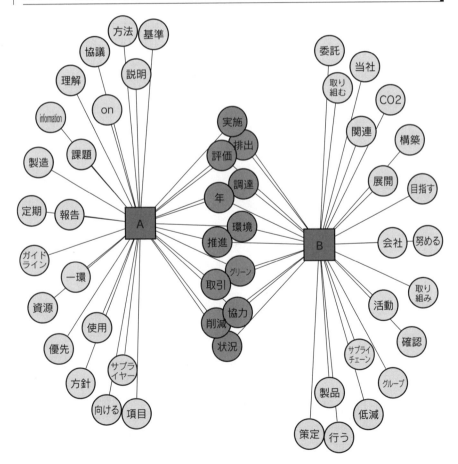

図6-1：A格付け企業群及びB格付け企業群における共起分析

ることがわかる。SAF格付けB群では,「務める」「目指す」という言葉が使われている。これに対して,SAF格付けA群では,「確認」「報告」など,企業内で具体的な対応が進んでいることを窺わせる言葉が並んでいる。一方,「環境」「取引」「協力」といった言葉はどの企業も記述しているが,財務内容に不安のあるSAF格付けB群の企業は,これらの言葉と共に,今後の「取り組み」を「目指す」といった言葉も記述していることから,環境対応がまだ具体化していないことが確認された。

3 結果の評価

　環境に関わる企業の開示情報は定性情報に依拠せざるを得ない。このことから,わが国において環境省が主導することで進行中の環境情報開示基盤整備事業では,回答項目を精査し各社が同じ項目・内容について回答することで,企業間比較が容易になるような整備を図っている。また,回答をXBRL化することで,企業ごとに分析するのではなく,項目ごとにデータを集約して分析することが可能となっている。このことから本分析では,回答企業をSAFモデルで格付けし,同じ格付けごとにグルーピングして自然言語処理を使用して分析を行っている。なお,近年言語処理ツールが発達し,テキストマイニングは誰でも容易に利用できるようになった。しかし,定性情報,特に文章は回答する側の知識や,マテリアリティへの認識度の違い(レベルの相違)によって文言をただ比較するだけでは,かえって結果が情報利用者を誤導する可能性が高い。この誤差は財務情報以上に大きなものがあるとの印象を受けた。

　このようにSAF2002モデルを利用することで,情報利用者が自ら分析対象企業を格付けすることにより,当該企業の財務状態と開示情報との関係性を明らかにすることができる。本分析結果から,財務状態の安定した企業は,環境対応に前向きであり具体策がすでに講じられていると思われたが,財務状態がぜい弱な企業においては,環境対応への一般論を語っているにすぎず,具体的な措置は講じられていないことが確認できた。企業評価は様々な側面から分析することが可能だが,評価指標を財務状態と組み合わせて分析する際には,このようにSAF2002モデルによる格付けを代理変数として利用することにより,客観的かつ簡便に比較分析が可能となるといえよう。

付　録

検討対象とされた財務指標一覧表

	変数	指標名	単位	算出式
成長性	X1	売上高増加率	%	[(当期売上高／前期売上高)−1]×100
	X2	総資本増加率	%	[(当期負債純資産の部／前期負債純資産の部)−1]×100
	X3	自己資本増加率	%	[(当期純資産の部／前期純資産の部)−1]×100
	X4	経常利益増加率	%	[(当期経常利益／前期経常利益)−1]×100
資本効率	X5	総資本売上高率	%	(売上高／期首・期末平均負債純資産の部合計)×100
	X6	総資本経常利益率	%	(経常利益／期首・期末平均負債純資産の部合計)×100
	X7	総資本留保利益率	%	(期首・期末平均留保利益／期首・期末平均負債純資産の部合計)×100
	X8	総資本企業収益率	%	[(経常利益＋支払利息・手形売却損)／期首・期末平均負債純資産の部合計]×100
	X9	総資本利子・税込利益率	%	(利子・税込利益／期首・期末平均負債純資産の部合計)×100
	X10	総資本税引前当期利益率	%	(税引前当期利益／期首・期末平均負債純資産の部合計)×100
	X11	自己資本経常利益率	%	(経常利益／期首・期末平均純資産の部合計)×100
	X12	自己資本当期利益率	%	(税引後当期利益／期首・期末平均純資産の部合計)×100
	X13	総資本回転率	回	売上高／期首・期末平均負債純資産の部合計
	X14	総資本回転期間	月	期首・期末平均負債純資産の部合計×12／売上高
	X15	買入債務回転期間	月	期首・期末平均(支払手形＋買掛金)×12／売上高
	X16	支払手形回転期間	月	期首・期末平均支払手形×12／売上高
	X17	買掛金回転期間	月	期首・期末平均買掛金×12／売上高
	X18	有利子負債平均金利負担率	%	[支払利息・手形売却損／期首・期末平均(短期借入金＋一年以内返済予定の長期借入金＋一年以内償還予定の社債＋長期借入金＋社債＋受取手形割高)]×100
営業効率	X19	売上高営業費用率	%	(営業費用／売上高)×100
	X20	売上高営業外収益率	%	(営業外収益／売上高)×100
	X21	売上高営業外費用率	%	(営業外費用／売上高)×100
	X22	売上高経常利益率	%	(経常利益／売上高)×100
	X23	売上高税引前当期利益率	%	(税引前当期利益／売上高)×100
	X24	売上高当期利益率	%	(税引後当期利益／売上高)×100

	番号	項目	単位	算式
	X25	売上高金融収支比率	%	[(受取利息割引料＋受取配当金－支払利息・手形売却損)／売上高]×100
	X26	売上高金利負担率	%	(支払利息／売上高)×100
資産効率	X27	総資産運転資本率	%	(期首・期末平均運転資本／期首・期末平均総資産)×100
	X28	投融資効率	%	[(受取利息割引料＋受取配当金)／期首・期末平均(短期貸付金＋長期貸付金＋有価証券＋投資有価証券＋出資金・関係会社株式等＋現金預金)]×100
	X29	固定資産回転期間	月	期首・期末平均固定資産×12／売上高
	X30	流動資産回転期間	月	期首・期末平均流動資産×12／売上高
	X31	有形固定資産回転期間	月	期首・期末平均有形固定資産×12／売上高
	X32	売上債権回転期間（譲渡後）	月	期首・期末平均(受取手形＋売掛金)×12／売上高
	X33	売上債権回転期間（譲渡前）	月	期首・期末平均(受取手形＋売掛金＋受取手形割引高＋裏書譲渡手形)×12／売上高
	X34	受取手形（譲渡前）回転期間	月	期首・期末平均(受取手形＋受取手形割引高＋裏書譲渡手形)×12／売上高
	X35	割引手形譲渡手形回転期間	月	期首・期末平均(受取手形割引高＋裏書譲渡手形)×12／売上高
	X36	売掛金回転期間	月	期首・期末平均売掛金×12／売上高
	X37	棚卸資産回転期間	月	期首期末平均棚卸資産×12／売上高
	X38	商品・製品回転期間	月	期首・期末平均商品・製品×12／売上高
	X39	労働装備率	千円	期首・期末平均有形固定資産／期首・期末平均従業員数
生産性	X40	一人当たり売上高	百万円	売上高／期首・期末平均従業員数／1,000
	X41	一人当たり売上総利益	百万円	売上総利益／期首・期末平均従業員数／1,000
	X42	一人当たり販管費	千円	販売費及び一般管理費／期首・期末平均従業員数
	X43	一人当たり経常利益	千円	経常利益／期首・期末平均従業員数
流動性	X44	流動比率	%	(期首・期末平均流動資産／期首・期末平均流動負債)×100
	X45	当座比率	%	(期首・期末平均当座資産／期首・期末平均流動負債)×100
	X46	売上債権対買入債務比率	%	[期首・期末平均(受取手形＋売掛金)／期首・期末平均(支払手形＋買掛金)]×100
安全性	X47	負債比率	%	[期首・期末平均(流動負債＋固定負債)／期首・期末平均純資産の部]×100
	X48	自己資本比率	%	[期首・期末平均純資産の部／期首・期末平均負債純資産の部合計]×100

	X49	外部負債依存率	%	[期首・期末平均(短期借入金＋1年以内返済予定の長期借入金＋長期借入金＋社債＋受取手形割引高)／期首・期末平均(負債純資産の部合計＋受取手形割引高)]×100
	X50	固定比率	%	(期首・期末平均固定資産／期首・期末平均純資産の部)×100
	X51	固定長期適合率	%	[期首・期末平均固定資産／期首・期末平均(純資産の部＋固定負債)]×100
	X52	有形固定資産増加率	%	(当期有形固定資産－前期有形固定資産／前期有形固定資産)×100
	X53	インタレスト・カバレッジ・レシオ	倍	営業利益＋受取利息割引料＋受取配当金／支払利息・手形売却損
	X54	負債回転期間	月	期首・期末平均(流動負債＋固定負債)×12／売上高
	X55	流動負債回転期間	月	期首・期末平均流動負債×12／売上高
	X56	短期借入金回転期間	月	期首・期末平均(短期借入金＋1年以内返済予定長期借入金＋1年以内償還予定社債)×12／売上高
	X57	資本回転期間	月	期首・期末平均純資産の部×12／売上高
	X58	固定負債回転期間	月	期首・期末平均固定負債×12／売上高
	X59	社債・長期借入金回転期間	月	期首・期末平均(社債＋長期借入金)×12／売上高
	X60	現預金手持日数	日	期首・期末平均現金預金×365／売上高
	X61	ディフェンシブ・インターバル	日	期首・期末平均当座資産／(販売費及び一般管理費／365)
	X62	キャッシュ・インターバル	日	期首・期末平均現金預金／(販売費及び一般管理費／365)
キャッシュ・フロー	X63	営業CF比率	%	営業CF収入／営業CF支出×100
	X64	CF営業収入	—	Log[(営業CFS収入－営業CF支出)×10]
	X65	CF経常収支比率	%	(営業CF収入＋営業外収益)／(営業CF支出＋営業外費用)×100
	X66	CF経常収支	—	Log[((営業CF収入＋営業外収益)－(営業CF支出＋営業外費用))×10]
	X67	フリー・キャッシュ・フロー	—	Log[(((営業CF収入＋営業外収益)－(営業CF支出＋営業外費用))－(税金＋配当金＋役員賞与))×10]
	X68	CF版インタレスト・カバレジ・レジオ	倍CF	営業CF＋受取利息・配当金／支払利息・手形売却損
	X69	借入金返済能力	年	短期借入金＋長期借入金／フリー・キャッシュ・フロー
	X70	キャッシュフローマージン	%	営業CF／売上高×100
	X71	CF版当座比率	%	営業CF／流動負債合計×100
	X72	キャッシュ・フロー比率	%	営業CF／(長期借入金＋社債)×100

索　引

【A～Z】

American Bankruptcy Institute ……… 32
Chapter 11 ……………………………… 36
EDGAR …………………………………… 55
EDINET …………………………………… 55
ESG 情報開示 ………………………… 165
e-Tax ……………………………………… 60
IASCF ……………………………………… 60
KH Coder ……………………………… 170
ROA ………………………………………… 94
ROE ………………………………… 94, 151
SBI ………………………………………… 63
SEC ………………………………………… 55
XBRL ……………………………………… 59

【あ】

安全性 ……………………………………… 79
安全性比率 ……………………………… 99
意見表明差控 …………………………… 16
依頼格付 ………………………………… 10
インタレスト・ガバレジ・レシオ ……… 73
受取手形割引高 ………………………… 99
受取利息 ………………………………… 69
売上債権回転期間 ……………………… 77
売上総利益率 …………………………… 69
売上高営業外収益率 …………………… 74
売上高金利負担率 ………………… 74, 121
売上高税引前当期利益率 ……………… 95
運用形態 ………………………………… 112
営業外収益 ……………………………… 69
営業外費用 ……………………………… 69
営業キャッシュ・フロー比率 …………… 83
オイルショック ………………………… 25

オフバランス …………………………… 99

【か】

会計監査 ………………………………… 64
会計監査人 ……………………………… 43
会計基準 ………………………………… 47
会計参与 ………………………………… 65
会社更生法適用申請 …………………… 12
会社整理 ………………………………… 12
会社法監査 ……………………………… 64
回収期間 ………………………………… 44
外部負債依存率 ………………………… 99
外部要因 ………………………………… 40
外部利害関係者 ………………………… 1
係り受け表現 …………………………… 162
格付け …………………………………… 3
格付区分 ………………………………… 147
勝手格付 ………………………………… 10
株価 ……………………………………… 61
株主資本等変動計算書 ………………… 47
株主総会 ………………………………… 65
株主へのリターン ……………………… 155
換金価値 ………………………………… 39
監査報酬 ………………………………… 65
間接金融 ………………………………… 3, 4
間接法 …………………………………… 83
管理会計 ………………………………… 2
機械学習アルゴリズム ………………… 104
企業規模 ………………………………… 30
企業再生 ………………………………… 36
企業倒産概念 …………………………… 11
企業年齢 ………………………………… 27
企業の継続能力 ………………………… 15
議決権行使割合 ………………………… 62

期首・期末平均	100
逆相関	155
逆粉飾	42
キャッシュ・インターバル	94
キャッシュ・フロー	83
キャッシュ・フロー・マージン	83, 91
キャッシュ・フロー計算書	39
キャッシュ・フロー経常収支比率	83
キャッシュ・フロー版当座比率	83
キャッシュ・フロー比率	83
共起ネットワーク	170
業種間格差	124
銀行取引停止	14
銀行取引停止処分	12
金融危機	23
金融商品取引法	18
金融商品取引法監査	64
金利水準	70
金利変動	40, 74
経営管理	42
経営管理能力	41
経営者の資質	124
経営戦略	42
景気指数	119
景況判断	63
経済環境	70
経済的兆候	40
経済的破綻	39, 40
経済的要因	40
計算書類	65
経常利益	69
継続企業の前提	15, 16
形態素解析	160
系統抽出	160
現金・預金	112
現金創出能力	39
原材料・貯蔵品	119

後継者問題	23
高度成長期	154, 157
構文解析	160
構文パターン	162
コーポレート・ガバナンス	111
コーポレートガバナンスコード	111
国税電子申告・納税システム	60
個人投資家	62
護送船団方式	26
固定長期適合率	77, 79, 91
異なり語分析	169

【さ】

債券格付	4
再建期間	36
債権者集会	35
債権放棄	21
在庫調整	119
財産再評価	36
再上場	37
財政破綻	7
財務会計	3
債務者	35
財務諸表	47
財務戦略	42
債務超過	35
債務不履行	6
債務保証	43
債務免除	42
債務免除益	21
サプライヤー	166
産活法	21
産業競争力強化法	21
仕掛品・半製品	119
しきい値	149
事業再生ADR制度	19
事業停止命令	17

事業廃止	15
資金欠如	39, 40, 42
資金流動性	79, 85
事実上倒産	15
自主廃業	14
自然言語処理	159, 160, 167
指定格付業者	4
私的整理	12
老舗企業	27
支払利息	69, 74
支払利息・社債利息	121
資本回転期間	91
資本コスト	111
社外監査役	65
収益性比率	95
出現確率間の距離	161
出現確率の統計値	161
出現頻度値	161
出現頻度の差	161
出現頻度比較	167
償還期間	3
償還金利	3
償還日	9
条件付き確率	161
条件付き確率P	161
証券取引法	53
証券取引法監査	64
上場廃止	18
上場廃止基準	35
商品・製品	119
消滅時効	44
処理別倒産分類	12
人工知能	104
人的リスク	42
信用格付業者	4
信用調査	53
信用リスク	7

スピアマンの順位相関	155
税金等調整前当期純利益	118
税効果会計基準	157
税理士法	65
前処理部分	160
相関	105
相関係数	155
創業年数	27
総資本回転期間	77
総資本経常利益率	95
総資本税引前当期利益率	95, 117
総資本利子・税込利益率	75
総資本留保利益率	99, 111
損益計算書	69

【た】

代金回収	44
第三者割当増資	21
棚卸資産回転期間	111, 119
多変量判別関数モデル	104, 126
短期コールレート	71, 77
単語の出現頻度	160
単語頻度	168
単年度デフォルト率	7
単変量分析	104
地価変動	40
中央値	70
中小企業	25
調達源泉	112
直接金融	3, 4
定性情報	53, 160
ディフェンシブ・インターバル	94
手形売却損	121
適時開示制度	53
テキストマイニング	159
テキストマイニングツール	160
適正意見	64

デット・エクイティ・スワップ	21
デフォルト	5
デフォルト率	7
デフレ	27
デューディリジェンス	18
電子申告	60
電子納税	60
同義語	160
当期純利益	69
倒産発生メカニズム	41
倒産発生率	26
倒産判別ライン	9
倒産要因	123
倒産予備軍	21
倒産率	25
投融資効率	71
特定調停法	18
特別清算	12
特別損失	69
特別利益	42, 69
土地再評価差額金	157
トライアングル体制	48

【な】

内在するリスク	124
内整理	12
内部要因	40
内部利害関係者	1
日本銀行	61
日本公認会計士協会	17
日本取引所グループ	16
ニューヨーク証券取引所	32
任意監査	65
任意整理	14
年代別しきい値	149
納税申告	60
ノッチ	10
のれん	49

【は】

配当	161
配当金	161
配当性向	161
配当政策	161
箱ひげ図	81, 90
破産	12
破産手続	12
破綻	11, 14
発行体格付	4
バブル経済	25, 26
払込資本	115
バリューチェーン	166
非財務データ	53, 159
ビックデータ	159
一人当たり売上高	94
一人当たり販管費	77
評価差額金	115
評価損	20
負債純資産合計	112
負債総額	26
物価高騰	157
負ののれん	42
プラザアコード	62
不良経営	40
不良債権	34
不渡届	14
粉飾	42
粉飾決算	43
文書頻度	168
分配可能限度額	47
分布変化	90
文脈語	162
平均値	70
米国連邦中小企業庁	23

返済猶予 ·· 31
法人企業景気予測調査 ······················· 63
法人企業の実態 ································· 25
法人総数 ·· 25
法定監査 ·· 64
法的整理 ·· 12
保全命令 ·· 19

【ま】

マーケティング ································· 42
マテリアリティ ······························· 173
未成工事支出金 ······························· 119
民事再生手続 ····································· 12
民法改正 ·· 44
文字情報を解析 ······························· 160

【や】

有価証券記載内容 ···························· 160
有価証券報告書 ································· 49
有形固定資産増加速度 ················ 91, 95
有利子負債平均金利負担率 ·············· 71
与信管理 ·· 42

予想破産配当額 ································· 36

【ら】

ランタイム部分 ······························· 160
リーマンショック ······················ 23, 62
利益算定額 ·· 49
利益処分 ·· 161
利害関係者 ·· 1
リスク感性 ······································ 116
リスクマネジメント ························ 40
流動資産回転期間 ······················ 77, 91
流動比率 ····································· 77, 79
留保 ··· 161
留保利益 ·· 115
累積デフォルト率 ······························· 9
連鎖倒産 ·· 25
連邦預金保険公社 ····························· 60
ローテーション制度 ························ 64
路線価 ·· 60

【わ】

割引手形譲渡手形回転期間 ·············· 91

183

著者略歴

白田佳子
博士（経営学）（筑波大学）
1994年　筑波大学修士課程経営・政策科学研究科 経営システム科学専攻修了
1994年　修士（経営学）
1999年　筑波大学博士課程経営・政策科学研究科企業科学専攻修了
1999年　博士（経営学）
1996年4月～2001年3月　筑波技術短期大学　情報処理学科　助教授
2001年4月～2002年3月　日本大学経済学部　助教授
2002年4月～2005年3月　日本大学経済学部　教授
2005年4月～2007年3月　芝浦工業大学大学院工学マネジメント研究科　教授
2007年4月～2014年9月　筑波大学大学院ビジネス科学研究科　教授
2010年2月　　　　　　　ドイツミュンヘン大学　客員教授
2012年1月～2012年2月　シェフィールド大学Management School　客員教授
2008年10月～2014年9月　日本学術会議会員　第一部経営学委員会　委員長
2011年6月～2014年2月　アジア学術会議事務局長
2015年4月～2018年3月　法政大学イノベーション・マネジメント研究センター　客員研究員
2017年4月～現在　　　　筑波学院大学経営情報学部　客員教授

［著書］
『企業倒産予知モデル』中央経済社（日本経営分析学会賞・日本リスク・プロフェッショナル学会賞）
『企業倒産予知情報の形成』中央経済社（日本リスクマネジメント学会賞）
『ベンチャー投資入門塾』中央経済社
『倒産予知の実務』日本経済新聞社　　　等
［訳書］
『金融革命』トッパン
［社会活動］
2011年10月～現在　東京国税局土地評価審議会委員（2016年5月～会長）
2012年6月～現在　法務省法政審議会委員
XBRLジャパン客員会員（http://xbrljapan.org/）

URL：http://www.shirata.net/

著者との契約により検印省略

| 平成31年3月30日　初版第1刷発行 | AI技術による倒産予知モデル
×企業格付け |

著　者　　白　田　佳　子
発行者　　大　坪　克　行
印刷所　　美研プリンティング株式会社
製本所　　牧製本印刷株式会社

発行所　〒161-0033 東京都新宿区　　株式　税務経理協会
　　　　下落合2丁目5番13号　　　　会社
　　　振　替　00190-2-187408　　電話　(03)3953-3301（編集部）
　　　Ｆ Ａ Ｘ　(03)3565-3391　　　　　　(03)3953-3325（営業部）
　　　　　　URL http://www.zeikei.co.jp/
　　　　乱丁・落丁の場合は，お取替えいたします。

Ⓒ　白田佳子　2019　　　　　　　　　　　　　　Printed in Japan

本書の無断複写は著作権法上での例外を除き禁じられています。複写される
場合は，そのつど事前に，（社)出版者著作権管理機構（電話 03-3513-6969，
FAX 03-3513-6979, e-mail : info@jcopy.or.jp）の許諾を得てください。

JCOPY ＜(社)出版者著作権管理機構 委託出版物＞

ISBN978-4-419-06598-0　C3034